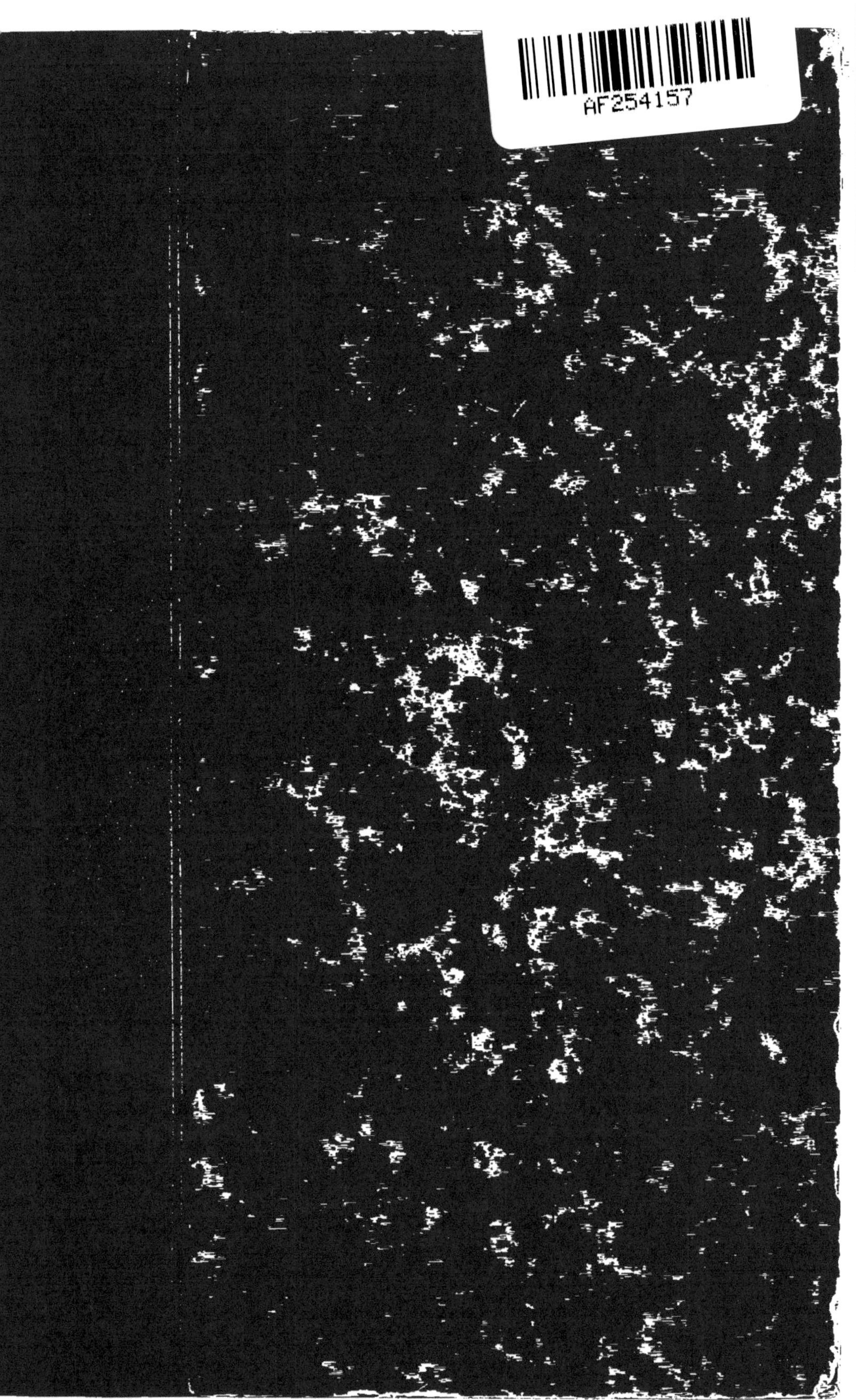

AF254157

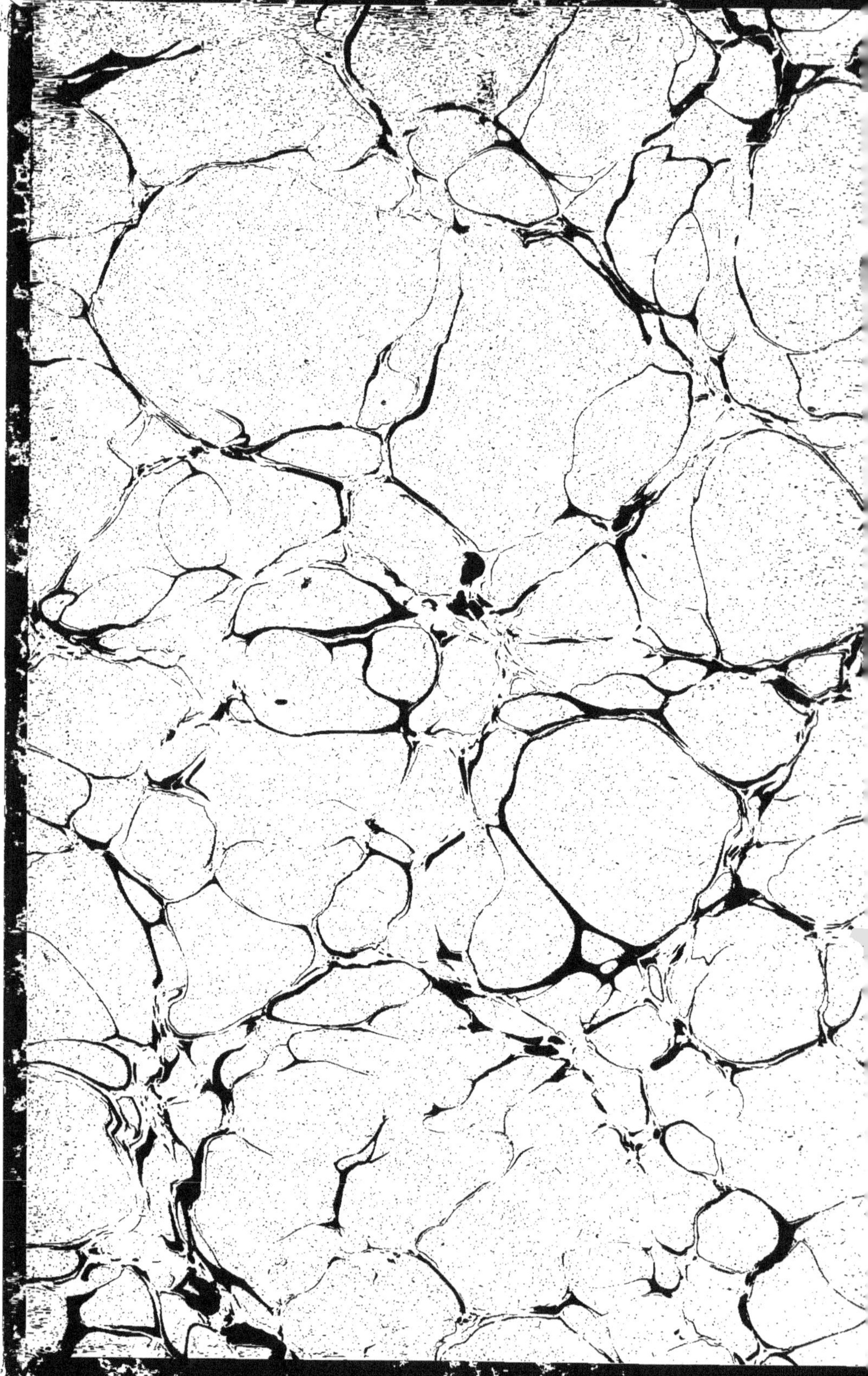

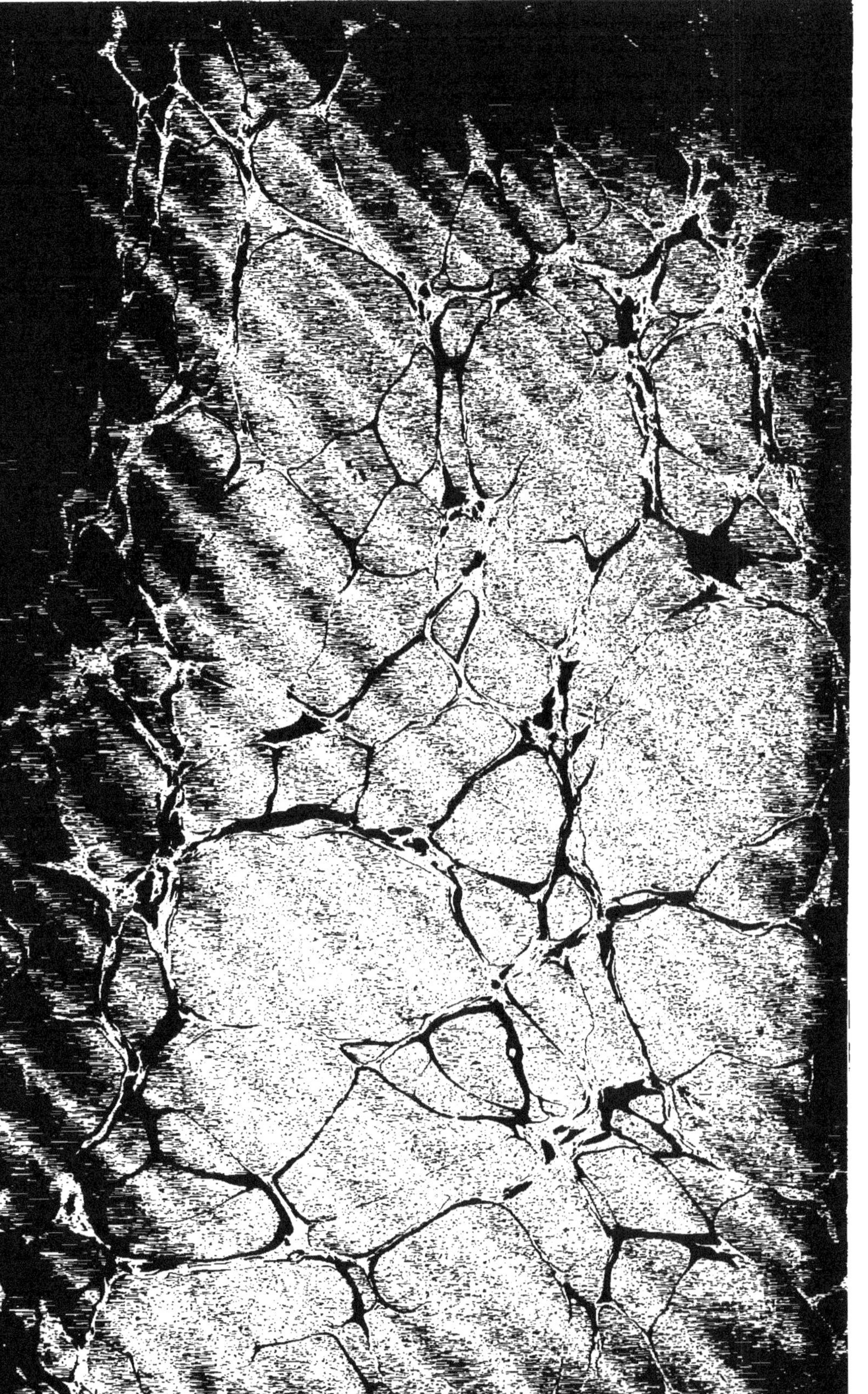

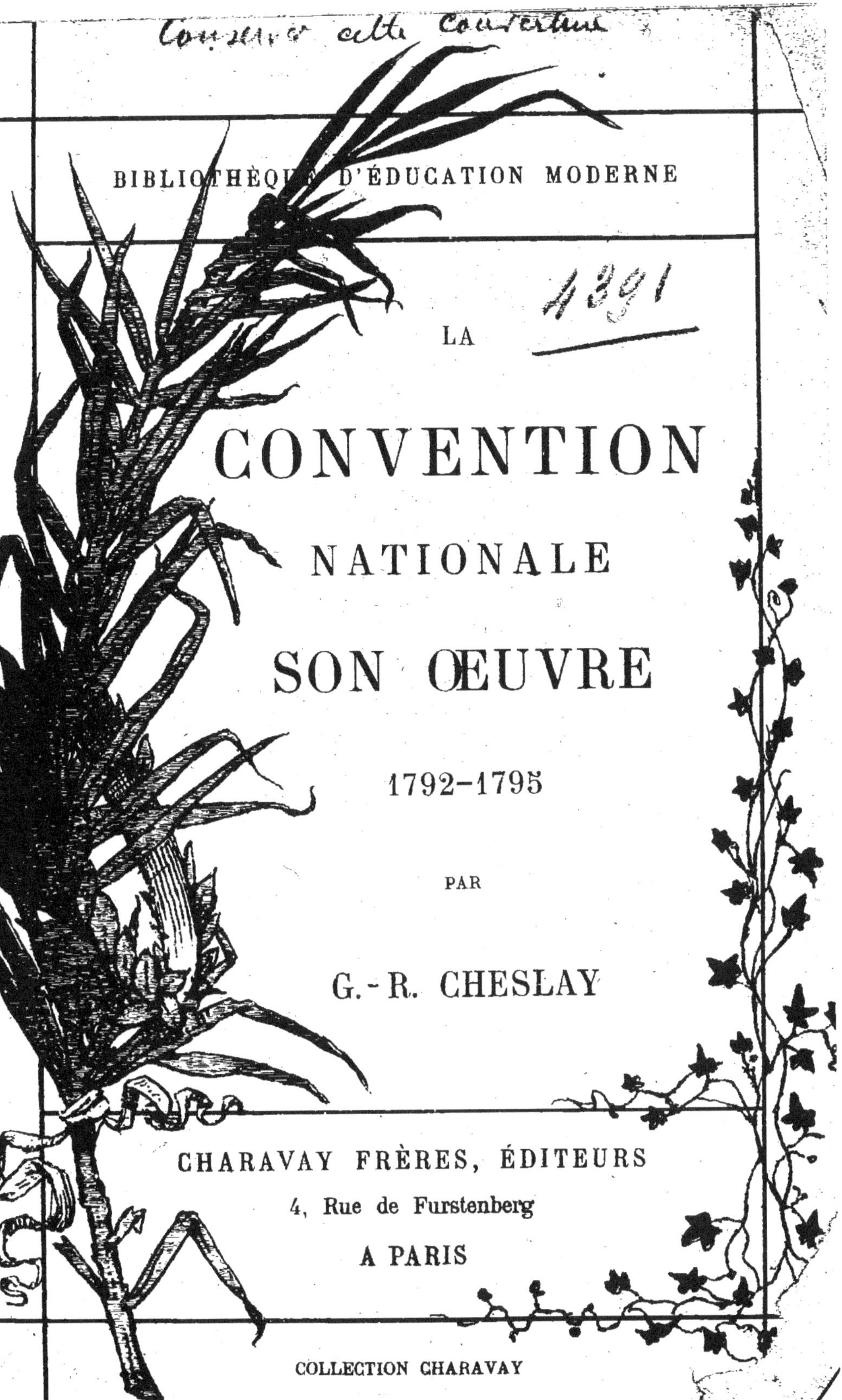

BIBLIOTHÈQUE D'ÉDUCATION MODERNE

LA

CONVENTION

NATIONALE

SON ŒUVRE

1792-1795

PAR

G.-R. CHESLAY

CHARAVAY FRÈRES, ÉDITEURS

4, Rue de Furstenberg

A PARIS

COLLECTION CHARAVAY

LA
CONVENTION
NATIONALE
SON ŒUVRE

LE XIV JUILLET AVAIT DÉLIVRÉ

LE X AOUT AVAIT FOUDROYÉ

LE XXI SEPTEMBRE FONDA.

VICTOR HUGO.

SALLE DE LA CONVENTION NATIONALE AUX TUILERIES

LA
CONVENTION
NATIONALE
SON ŒUVRE

1792-1795

PAR

G.-R. CHESLAY

PARIS. CHARAVAY FRÈRES ÉDITEURS

4, Rue de Furstenberg.

1884

INTRODUCTION

INTRODUCTION

I

LA RÉVOLUTION FRANÇAISE

« L'État, c'est moi ! » a-t-on fait dire à Louis XIV. Cette formule s'applique merveilleusement à l'ancien régime. Le roi gouverne selon son bon plaisir, sans souci de personne. Il prétend tenir son pouvoir de Dieu, et c'est à Dieu seul qu'il rendra compte de ses actes. Il n'y a ni Peuple, ni France, ni Patrie : il y a le Roi.

Nulle liberté : on a défini le despotisme royal une monarchie absolue tempérée par des chansons. La monarchie ne se laissait guère chansonner : la Bastille mettait vite les frondeurs à la raison.

En 1789, la nation se divise en trois ordres : la noblesse, le clergé, le tiers état.

Les nobles jouissent de nombreux privilèges ; ils peuvent seuls devenir officiers ; ils sont exempts de presque tous les impôts, taille, corvée, gabelle.

Le clergé possède des richesses immenses. Ses revenus en bois, maisons, domaines, dîmes, rentes, montent à 224 800 000 livres. Ses biens ne payent pas l'impôt.

Le tiers état, exclu des privilèges, supporte toutes les charges. Il paye la *taille* (impôt foncier), la *capitation* (cote personnelle), les deux *vingtièmes* sur les revenus, les *aides* (impôts indirects), la *gabelle* (impôt du sel). Il doit en outre les *corvées* (journées de travail pour l'entretien des routes).

Ces impôts payés au roi, le paysan n'est pas quitte envers le seigneur.

Il supporte de lourds droits féodaux : *taille seigneuriale;* droit de *pulvérage* (pris sur le troupeau à cause de la poussière qu'il soulève); droit de *banvin* (qui empêche le vilain de vendre ses denrées, tant que le seigneur n'a pas écoulé les siennes); droit de *banalité* qui force le vassal à venir au moulin, au four, au pressoir seigneurial, et l'empêche d'en bâtir lui-même); droit de *chasse* (qui met la récolte du roturier à la merci des gens, des chiens, des chevaux du noble); droit de *colombier* (qui livre le grain du cultivateur aux pigeons du châtelain); droit de *pâturage*, avant la première coupe. Sur la liste des redevances, n'oublions pas la *dîme,* ou dixième partie des récoltes, que le clergé lève sur le laboureur.

La Bruyère, au XVIIe siècle, peignait ainsi les paysans :

« L'on voit certains animaux farouches, des mâles et des femelles, répandus par la campagne, noirs, livides, et tout brûlés du soleil, attachés à la terre qu'ils fouillent et qu'ils remuent avec une opiniâtreté invincible : ils ont comme une voix articulée; et quand ils se lèvent sur leurs pieds, ils montrent une face humaine, et en effet ils sont des hommes. Ils se retirent la nuit dans des tanières où ils vivent de pain noir, d'eau et de racines : ils épargnent aux autres hommes la peine de semer, de labourer et de recueillir pour vivre, et méritent ainsi de ne pas manquer de ce pain qu'ils ont semé. »

L'ouvrier des villes n'est guère plus heureux que le paysan. Les marchands ou *maîtres*, avec leurs *compagnons* et leurs *apprentis*, forment les *corporations*. L'homme qui veut prendre un métier reste d'abord six ou sept ans *apprenti* d'un *maître*, il passe ensuite *compagnon* et pendant une douzaine d'années travaille pour le patron

SÉANCE DES ÉTATS GÉNÉRAUX

qui lui donne un très minime salaire. Pour entrer dans la *maîtrise* ou association des *maîtres*, il doit présenter un *chef-d'œuvre* à la *jurande* que composent les jurés de la corporation. Cette éducation professionnelle exige des frais considérables. À voir les dépenses qui s'imposaient à l'artisan pour conquérir le droit de travailler, il semble qu'il eût trouvé meilleur compte à ne rien faire.

L'État ne se porte guère mieux que les individus. La dette publique est colossale. La machine ne peut plus aller. Il faut trouver un remède : Louis XVI convoque les états généraux, qui s'ouvrent à Versailles le 5 mai 1789. Les députés du tiers se proclament *Assemblée nationale* (19 juin). La cour inquiète ferme la salle des séances. Le tiers se réunit dans la salle du *Jeu de Paume* et jure de ne pas se séparer qu'il n'ait donné une constitution à la France (20 juin). Louis XVI renvoie Necker favorable aux réformes. Aussitôt Camille Desmoulins soulève le peuple de Paris, qui s'empare de la Bastille (14 juillet). La Révolution triomphe. La Constituante abolit tous les privilèges (nuit du 4 août), substitue la royauté constitutionnelle au pouvoir absolu, divise la France en départements, crée le tribunal de cassation, le jury, les juges de paix, les actes de l'état civil, déclare les biens du clergé propriété nationale, supprime les jurandes, les maîtrises, les corporations, les douanes intérieures et les octrois.

Elle se sépare le 30 septembre 1791.

L'Assemblée législative lui succède (1er octobre 1791). On y compte trois partis : les *Feuillants*, qui veulent la monarchie constitutionnelle ; les *Girondins*, ainsi nommés parce que les plus brillants d'entre eux furent élus dans la Gironde, enfin, à l'extrême gauche, les partisans résolus de la République, les *Montagnards*, ainsi appelés parce qu'ils siégeaient sur les bancs les plus élevés de l'assemblée.

Le 20 avril 1792, Louis XVI déclare la guerre à François II, roi de Hongrie et de Bohême. Les Autrichiens battent nos troupes en Belgique. Tandis que ces revers nous frappent, Louis XVI renvoie les ministres patriotes. Le peuple se croit trahi : le 20 juin 1792 un mouvement s'organise; conduite par le brasseur Santerre[1] et le boucher Legendre, la foule envahit les Tuileries, entoure Louis XVI qui se couvre du bonnet rouge, et sort du palais sans faire aucun mal au roi.

Le 23 juillet 1792, le duc de Brunswick, généralissime des troupes ennemies, publie de son quartier général à Coblentz, un insolent manifeste.

Il y menace de mort tous les Français qui oseront se défendre. Il rend « responsables de tous les événements, sur leur tête, pour être jugés militairement, sans espoir de pardon, » les membres de l'Assemblée législative, de la municipalité et de la garde nationale. S'il est fait quelque outrage au roi et à sa famille, s'il n'est pourvu immédiatement à leur conservation et à leur liberté, le roi de Prusse et l'empereur d'Allemagne livreront Paris « à une exécution militaire et à une subversion totale ».

Brunswick se sait fort : la cour conspire avec lui. Louis XVI compte prendre la Révolution entre deux feux, l'attaquer en face par la guerre étrangère, la frapper au dos par la guerre civile.

Danton évite le danger; il sent qu'il faut d'abord écraser l'ennemi intérieur; il soulève les faubourgs avec l'aide de Santerre, mène le peuple à l'assaut des Tuileries et jette à bas la royauté (10 août 1792).

La Révolution entre dans une nouvelle phase : jusqu'ici la bourgeoisie a exercé le pouvoir; il va maintenant passer au peuple.

Le 10 août est l'avènement de la démocratie.

---

1. Né à Paris le 16 mars 1752. Il organisa l'émeute du 20 juin et l'insurrection du 10 août. La Commune le fit alors commandant de la garde nationale. Nommé général de division, il combattit en Vendée (1793). Arrêté, il sortit de prison après le 9 thermidor et rentra dans la vie privée. Il mourut à Paris le 6 février 1809.

II

Oh! lorsqu'un lourd soleil chauffait les grandes dalles
      Des ponts et de nos quais déserts,
Que les cloches hurlaient, que la grêle des balles
      Sifflait et pleuvait dans les airs,
Que dans Paris entier, comme la mer qui monte,
      Le peuple soulevé grondait,
Et qu'au lugubre accent des vieux canons de fonte
      La Marseillaise répondait,
Certe, on ne voyait pas comme au siècle où nous sommes
      Tant d'uniformes à la fois;
C'était sous des haillons que battaient les cœurs d'hommes,
      C'étaient alors de sales doigts
Qui chargeaient les mousquets et renvoyaient la foudre ;
      C'était la bouche aux vils jurons
Qui mâchait la cartouche et qui, noire de poudre,
      Disait aux citoyens : « Mourons! »

      ..... A travers la mitraille,
      Et sous le sabre détesté,
La grande populace et la sainte canaille
      Se ruaient à l'immortalité.

A. BARBIER (Iambes).

III

LES· ÉLECTIONS DE 1792

GIRONDE ET MONTAGNE

La journée du 10 août crée une situation nouvelle.

Cette situation qu'on ne pouvait prévoir, l'Assemblée législative n'a reçu des électeurs aucun mandat pour la régler ; il est donc nécessaire de consulter à nouveau le peuple ; c'est au peuple qu'il appartient de se prononcer sur le gouvernement futur. Aussi, dans la séance même du 10 août, quelques heures après la victoire, Vergniaud propose de convoquer les citoyens à l'effet d'élire de nouveaux représentants. L'Assemblée vote aussitôt un décret qui commence par cet article :

« Le peuple français est invité à former une Convention Nationale. »

Le mot Convention signifie assemblée extraordinaire, investie par le peuple de pleins pouvoirs pour constituer le pays.

Le lendemain 11 août, sur le rapport de Guadet, l'Assemblée détermine le mode d'après lequel auront lieu les élections.

Pour voter, il suffit « d'être français, âgé de vingt et un ans, domicilié depuis un an, vivant de son revenu ou du produit de son travail, et n'étant pas en état de domesticité. » Ceux qui réunissent ces conditions composent les assemblées primaires ; celles-ci prennent dans leur sein un centième des citoyens qui se nomment *électeurs*. Les *électeurs* choisissent les représentants. C'est donc par un suffrage à deux degrés que furent élus les députés à la Convention Nationale.

Quel fut le caractère des élections ?

« Les Girondins et les Jacobins se coalisèrent pour faire nommer à la Convention des hommes extrêmes, d'une trempe antique, irréconciliables avec la royauté. La France sentait que l'heure des conseils timides était passée. Il lui fallait dans ses conseils comme sur ses frontières des hommes qui ne pussent pas regarder derrière eux. Elle cherchait ces hommes, elle les trouva, elle les nomma.

« Leur mandat était d'en finir avec le passé, d'écraser les résistances, de pulvériser le trône, l'aristocratie, le clergé, l'émigration, les armées étrangères, de jeter le défi à tous les rois et de proclamer la souveraineté populaire. » (Lamartine.)

Les Girondins passèrent en province sans conteste.

Brissot fut élu par le département d'Eure-et-Loir. Né à Ouarville, près de Chartres, le 14 janvier 1754, il voyagea en Europe et en Amérique, fonda en 1788 à Paris la *Société des amis des noirs*, et fut membre de la Commune. Il avait du talent et de l'éloquence. Il mourut sur l'échafaud le 31 octobre 1793.

Louvet fut élu par le département du Loiret. Né à Paris le 11 juin 1760, romancier, journaliste, il rédigea la *Sentinelle*. « Plein de talent et de hardiesse, il s'attaquait directement aux hommes. Les personnalités virulentes, reproduites chaque jour par la voie d'un journal, en avaient fait l'ennemi le plus dangereux et le plus détesté du parti Robespierre. » (Thiers.) Proscrit pendant la Terreur, il se cacha, devint plus tard membre de l'Institut, et mourut libraire au Palais-Royal (25 août 1797).

Guadet, né à Saint-Émilion le 20 juillet 1758, député de la Gironde à la Législative, puis à la Convention « vif, prompt à s'élancer en avant, passait du plus grand emportement au plus grand sang-froid, et maître de lui à la tribune, il y brillait par l'à-propos

et les mouvements. Aussi devail-il, comme tous les hommes, aimer
un exercice dans lequel il excellait, en abuser même et prendre
trop de plaisir à abattre avec la parole un parti qui lui répondrait
bientôt avec la mort. » (Thiers.) Il fut guillotiné à Bordeaux le
15 juin 1794 :

SUICIDE DE ROLAND

Roland, né à Thizy (Rhône) le 18 février 1734, ministre de l'intérieur en 1792, député de la Somme à la Convention, proscrit avec les
Girondins, se tua le 15 novembre 1793 en apprenant la mort de sa
femme, la fière et spirituelle madame Roland.

Vergniaud, né à Limoges le 31 mai 1753, député de la Gironde à
la Législative et à la Convention, était le coryphée de son parti. « Il
n'avait pas la vivacité des réparties de Guadet, mais il s'animait à la

tribune, et, grâce à une souplesse d'organe extraordinaire, il rendait ses pensées avec une facilité, une fécondité d'expression qu'aucun homme n'a égalées. L'élocution de Mirabeau [1] était, comme son caractère, inégale et forte; celle de Vergniaud, toujours élégante et noble, devenait, avec les circonstances, grande et énergique » (Thiers). Nonchalant et indécis, tel était Vergniaud. Il fut décapité à Paris le 31 octobre 1793.

Petion, né à Chartres en 1753, avocat, député de l'Eure-et-Loir aux états généraux, devint maire de Paris en 1791. Élu par sa ville natale à la Convention, il en fut le premier président. Ce personnage rigide et froid prit parti pour la Gironde qui l'enveloppa dans sa ruine. On retrouva son corps et celui de Buzot à demi dévorés par les loups (1794).

Buzot, né à Évreux le 1er mars 1760, député aux états généraux et à la Convention, énergique et digne, exerçait autour de lui un grand ascendant moral.

Gensonné naquit à Bordeaux le 10 août 1758. « Des passions fortes, un caractère obstiné, devaient lui valoir chez ses amis beaucoup d'influence, et chez ses ennemis la haine qui atteint le caractère toujours plus que le talent » (Thiers). Il périt sur l'échafaud, le 31 octobre 1793, en même temps que Ducos, Fonfrède, Fauchet, Brissot et Vergniaud.

Condorcet naquit à Ribemont (Aisne) le 17 septembre 1743. Marquis, philosophe, géomètre, membre de l'Académie française, il fut envoyé par le département de l'Aisne à la Convention. Décrété d'arrestation le 9 juillet 1793, il composa dans un grenier son célèbre

---

1. Pour Mirabeau, je renvoie aux « *Morceaux choisis* » publiés par E. D. Milliet (Paris, Charavay frères).

1753 — P. V. VERGNIAUD — 1793

ouvrage « *Esquisse des progrès de l'esprit humain* » (1794). Découvert à Clamart, il s'empoisonna dans sa prison, à Bourg-la-Reine, le 7 avril 1794.

Barbaroux, né à Marseille le 6 mars 1767, avocat, vint à Paris en 1792 et joua un très grand rôle au 10 août. Le département des Bouches-du-Rhône l'élut à la Convention ; il s'attira de nombreux ennemis par sa fougue et ses menaces. Il fut guillotiné à Bordeaux le 25 juin 1794.

Ducos, né à Bordeaux en 1765, député de la Gironde à la Législative et à la Convention, était lié avec les Girondins ; mais ses opinions le rapprochaient de la Montagne. Marat le fit ôter de la liste de proscription dressée le 2 juin 1793 contre les Girondins. Ducos prit une part active aux débats relatifs à la Constitution de 1793. Arrêté en août, il fut condamné par le tribunal révolutionnaire, en même temps que Vergniaud, Lacase, Valazé, Antiboul, Carra, Lasource et les autres Girondins. Ils passèrent leur dernière nuit autour d'un banquet joyeux, que Ducos égaya encore en chantant un pot-pourri de sa composition. Les condamnés allèrent au supplice en chantant la Marseillaise et Ducos, mettant sa tête sous le couteau, cria : « Vive la République ! » (31 octobre 1793.)

Tels furent les principaux Girondins élus par la province. La députation de Paris compta 24 membres :

Robespierre et Danton passèrent les premiers ; sont élus après eux : Camille Desmoulins, David, Fabre d'Églantine, Collot d'Herbois, Billaud-Varenne, Sergent.

Marat (Jean-Paul), né en Suisse, dans le comté de Neuchâtel, le 24 mai 1744, étudia la médecine, publia une brochure sur l'abolition de la peine de mort, fonda en 1789 le journal l'*Ami du Peuple*. Il s'y fait le défenseur des pauvres, « de ceux qui n'ont rien contre ceux qui ont tout ». — « La liberté, dit-il encore, ne peut exister pour qui ne possède rien. » Par malheur Marat ne se contente pas de revendiquer les droits du pauvre, il prêche le meurtre et l'assassinat; il provoque les massacres de septembre, et demande, en janvier 1793, 270 000 têtes. Il est frappé lui-même, le 13 juillet 1793, dans un bain, par Charlotte Corday.

Le duc d'Orléans, dit Louis-Philippe Égalité, né à Saint-Cloud le 13 avril 1747, prince du sang royal, député aux états généraux où il siège à l'extrême gauche, provoque la pétition du Champ-de-Mars pour la déchéance du roi, et se lie avec Danton. Élu député de Paris à la Convention, il reçoit de la Commune le surnom d'*Égalité*. Il vote la mort de Louis XVI. Il est lui-même guillotiné le 6 novembre 1793.

Les autres députés de Paris sont : Boucher-Saint-Sauveur, né à Paris le 21 juin 1723, mort à Bruxelles en 1805; Dusaulx (1728-1799); Laignelot (1752-1829), auteur dramatique; Lavicomterie (1732-1809); Legendre (1755-1797), boucher, un des grands acteurs du 14 juillet, du 20 juin, du 10 août; Manuel (1751-1793), né à Montargis, guillotiné; Osselin, né à Paris en 1754, mort sur l'échafaud le 26 juin 1794; Panis (1757-1833), beau-frère de Santerre, exilé en 1816; Raffron (1709-1800); Robert (1763-1826), journaliste, exilé en 1816, mort à Bruxelles; Robespierre jeune (1764-1794), représentant du peuple au siège de Toulon, décapité avec son frère le 10 thermidor; Thomas; Fréron, né à Paris en 1765, mort à Saint-Domingue en 1802; Beauvais de Préaux (1745-1794).

Les députés de Paris, sauf Dusaulx, Manuel et Thomas, votèrent la mort du roi.

« Tous les noms que la France avait entendu prononcer depuis le
commencement de sa Révolution, dans ses conseils, dans ses clubs,
dans ses séditions, se retrouvaient sur la liste des membres de la Convention. La France les avait choisis non à la modération, mais à l'audace, non à la maturité des années, mais à la jeunesse. C'était une
élection désespérée. La patrie sentait que dans les périls où sa

MORT DE CONDORCET

résolution de changer la face du monde allait la jeter, il lui fallait
des combattants et non des législateurs. » (*Histoire des Girondins*.)

Lamartine se trompe : la France avait besoin de législateurs
comme de combattants. Elle trouva les premiers aussi bien que les
autres.

Ce livre en fera foi.

IV

SALLE DES SÉANCES

Du 21 septembre 1792 au 9 mai de l'année suivante, la Convention occupa le Manège. Le 10 mai 1793 elle vint siéger aux Tuileries où l'architecte Vignon avait préparé une salle des séances. Voici comment Victor Hugo décrit les deux locaux successifs de la Convention ; d'abord le Manège :

« On y dressa un châssis, un décor, une grande grisaille peinte par David, des bancs symétriques, une tribune carrée, des pilastres parallèles, des socles pareils à des billots, de longues étraves rectilignes, des alvéoles rectangulaires où se pressait la multitude et qu'on appelait les tribunes publiques, un velarium romain, des draperies grecques et dans ces angles droits et dans ces lignes droites on installa la Convention ; dans cette géométrie on mit la tempête. Sur la tribune le bonnet rouge était peint en gris. Les royalistes commencèrent par rire de ce bonnet rouge gris, de cette salle postiche, de ce monument de carton, de ce sanctuaire de papier mâché, de ce panthéon de boue et de crachat. Comme cela devait disparaître vite ! Les colonnes étaient en douves de tonneau, les voûtes étaient en volige, les bas-reliefs étaient en mastic, les entablements étaient en sapin, les statues étaient en plâtre, les marbres étaient en peinture, les murailles étaient en toile ; et dans ce provisoire la France a fait de l'éternel.

« Les murailles de la salle du manège, quand la Convention vint y tenir séance, étaient toutes couvertes des affiches qui avaient pullulé dans Paris, à l'époque du retour de Varennes. On lisait sur l'une : — *Le roi rentre. Bâtonner qui l'applaudira, pendre qui l'insultera.* Sur une autre : — *Le roi a couché la nation en joue. Il a fait long feu. A la nation de tirer maintenant.* Sur une autre : — *La loi! La loi!* Ce fut entre ces murs-là que la Convention jugea Louis XVI.

« Aux Tuileries, la salle des séances occupait tout l'intervalle entre le pavillon de l'Horloge, appelé pavillon-Unité, et le pavillon-Marsan appelé pavillon-Liberté. Le pavillon de Flore s'appelait pavillon-Égalité. C'est par le grand escalier de Jean Bulant qu'on montait à la salle des séances. Sous le premier étage occupé par l'assemblée, tout le rez-de-chaussée du palais était une sorte de longue salle des gardes, encombrée des faisceaux et des lits de camp des troupes de toutes armes qui veillaient autour de la Convention. L'assemblée avait une garde d'honneur qu'on appelait « les grenadiers de la Convention ».

« Un ruban tricolore séparait le château où était l'assemblée du jardin où le peuple allait et venait.

« Ce qu'était la salle des séances, achevons de le dire. Tout intéresse de ce lieu terrible.

« Ce qui, en entrant, frappait d'abord le regard, c'était, entre deux larges fenêtres, une haute statue de la Liberté.

« Quarante deux mètres de longueur, dix mètres de largeur, onze mètres de hauteur, telles étaient les dimensions de ce qui avait été le théâtre du roi et de ce qui devint le théâtre de la Révolution.

« L'idéal des architectes est parfois singulier ; l'architecte de la rue de Rivoli a eu pour idéal la trajectoire d'un boulet de canon, l'architecte de Carlsruhe a eu pour idéal un éventail ; un gigantesque

1748 — JACQUES LOUIS DAVID — 1825

tiroir de commode, tel semble avoir été l'idéal de l'architecte qui construisit la salle où la Convention vint siéger le 10 mai 1793 ; c'était long, haut et plat. A l'un des grands côtés du parallélogramme était adossé un vaste demi-cirque ; c'était l'amphithéâtre des bancs des représentants, sans tables ni pupitres ; Garan-Coulon qui écrivait beaucoup, écrivait sur son genou ; en face des bancs, la tribune ; devant la tribune, le buste de Lepeletier-Saint-Fargeau ; derrière la tribune, le fauteuil du président.

« En bas dans le fer à cheval, au pied de la tribune, se tenaient les huissiers.

« D'un côté de la tribune, dans un cadre de bois noir, était appliquée au mur une pancarte de neuf pieds de haut, portant, sur deux pages séparées par une sorte de sceptre, la déclaration des droits de l'homme, de l'autre côté, il y avait une place vide qui, plus tard, fut occupée par un cadre pareil contenant la constitution de l'an II, dont les deux pages étaient séparées par un glaive. Au-dessus de la tribune, au-dessus de la tête de l'orateur, frissonnaient, sortant d'une profonde loge à deux compartiments pleine de peuple, trois immenses drapeaux tricolores, presque horizontaux, appuyés à un autel sur lequel on lisait ce mot : LA LOI. Derrière cet autel, se dressait comme la sentinelle de la parole libre, un énorme faisceau romain, haut comme une colonne. Des statues colossales, droites contre le mur, faisaient face aux représentants. Le président avait à sa droite Lycurgue et à sa gauche Solon ; au dessus de la Montagne il y avait Platon.

« Ces statues avaient pour piédestaux de simples dés, posés sur une longue corniche saillante qui faisait le tour de la salle et séparait le peuple de l'assemblée. Les spectateurs s'accoudaient à cette corniche.

« Sur les têtes des statues, alternaient des couronnes de chêne et de laurier.

« Une draperie verte, où étaient peintes en vert plus foncé les mêmes couronnes, descendait à gros plis droits de la corniche de pourtour et tapissait tout le rez-de-chaussée de la salle occupée par l'assemblée. Au-dessus de cette draperie la muraille était blanche et froide. Dans cette muraille se creusaient deux étages de tribunes publiques, les carrées en bas, les rondes en haut. Il y avait dix tribunes sur chacun des grands côtés de la salle, et à chacune des deux extrémités deux loges démesurées ; en tout vingt-quatre. Là s'entassaient les foules.

« Les spectateurs des tribunes inférieures débordaient sur tous les plats bords et se groupaient sur tous les reliefs de l'architecture. Une longue barre de fer, solidement scellée à hauteur d'appui, servait de garde-fou aux tribunes hautes, et garantissait les spectateurs contre la pression des cohues montant les escaliers. Une fois pourtant, un homme fut précipité dans l'assemblée ; il tomba un peu sur Massieu évêque de Beauvais, ne se tua point et dit : *Tiens c'est donc bon à quelque chose, un évêque !*

« La salle de la Convention pouvait contenir deux mille personnes.

« La Convention avait deux séances, une du jour, une du soir.

« On montait à la tribune par un degré de neuf marches. Ces marches étaient hautes, roides et assez difficiles ; elles firent un jour trébucher Gensonné qui les gravissait. — *C'est un escalier d'échafaud,* dit-il. — *Fais ton apprentissage,* lui cria Carrier.

« A droite et à gauche de la tribune, des socles portaient deux candélabres de douze pieds de haut, ayant à leur sommet quatre paires de quinquets. Il y avait dans chaque loge publique un candélabre pareil

« Les bancs de l'assemblée montaient presque jusqu'à la corniche des tribunes ; les représentants et le peuple pouvaient dialoguer.

« Les comités étaient logés aux environs de la salle ; au Pavillon-Égalité la législation, l'agriculture et le commerce ; au Pavillon-Liberté, la marine, les colonies, les finances, les assignats, le salut public ; au Pavillon-Unité, la guerre.

« Cette salle peu éclairée le jour par de pâles fenêtres, mal éclairée quand venait le crépuscule par des flambeaux livides, avait on ne sait quoi de nocturne. Ce demi-éclairage s'ajoutait aux ténèbres du soir ; les séances aux lampes étaient lugubres. On ne se voyait pas ; d'un bout de la salle à l'autre, des groupes de faces vagues s'insultaient. On se rencontrait sans se reconnaître. Un jour Laignelot, courant à la tribune, se heurte dans le couloir de descente à quelqu'un : — Pardon, Robespierre, dit-il. — Pour qui me prends-tu? répond une voix rauque. — Pardon, Marat, dit Laignelot.

« Un certain frisson se dégageait de cette salle. On se rappelait confusément l'ancien théâtre, les loges enguirlandées, le plafond d'azur et de pourpre, le lustre à facettes, les girandoles à reflets de diamants, les tentures gorge de pigeon, la profusion d'Amours et de Nymphes sur le rideau et sur les draperies, toute l'idylle royale et galante, peinte, sculptée et dorée, et l'on regardait partout autour de soi ces durs angles rectilignes froids et tranchants comme l'acier.

« Là fourmillaient, se coudoyaient, se provoquaient, se menaçaient, luttaient et vivaient tous ces combattants qui sont aujourd'hui des fantômes. »

La Convention comptait sept cent quarante-neuf membres, dont quatre cent quatre-vingt-onze nouveaux; soixante-dix-sept avaient fait partie de la Constituante et cent quatre-vingt-un de la Légis-

lative. Dans ce nombre se trouvaient seize évêques, huit vicaires épis-
copaux, dix-huit prêtres, sept ministres protestants, un prince du
sang (Louis-Philippe Égalité, père du roi Louis-Philippe Ier), et un
ouvrier, Armonville, cardeur de laine.

La Convention siégeait tous les jours sans exception. Le bureau
comprenait un président et six secrétaires. Le président était élu pour
une quinzaine, et pouvait être réélu au bout d'une autre.

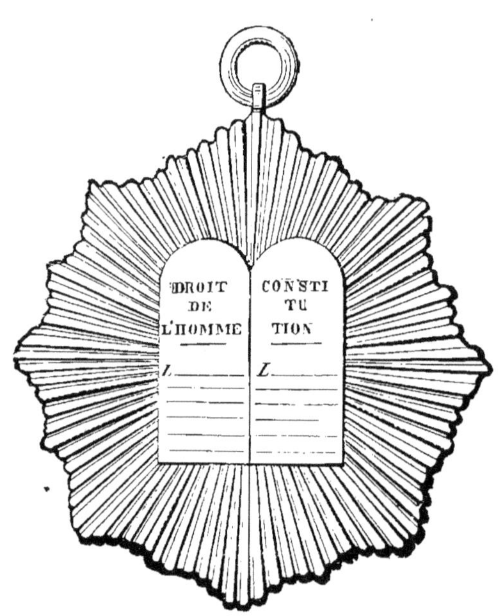

PREMIÈRE PARTIE

INSTITUTIONS POLITIQUES

L'ŒUVRE DE LA
CONVENTION

PREMIÈRE PARTIE

INSTITUTIONS POLITIQUES

CHAPITRE Ier

LA RÉPUBLIQUE EST PROCLAMÉE

Le 21 septembre 1792, l'Assemblée législative avertie par douze commissaires que la Convention nationale est constituée, déclare sa mission finie. Elle se retire et se rend auprès de la Convention.

Il est midi.

Un quart d'heure plus tard entre en séance cette assemblée terrible qui dans sa courte durée de trois ans et trente-cinq jours devait sauver la France envahie, combattre l'Europe et la vaincre, soutenir et répandre les principes démocratiques qui sont la base des sociétés modernes, en un mot changer la face du monde.

Manuel, procureur-syndic de la Commune, député de Paris, un des plus célèbres combattants du 10 août, monte à la tribune :

« Représentants du peuple, dit-il, il faut ici que tout respire un caractère de dignité et de grandeur qui impose à l'univers. Je demande que le président de la France soit logé dans le palais national des Tuileries, qu'il soit précédé de la force publique et que les citoyens se lèvent à son aspect. »

La motion suscite de vives rumeurs.

« Il n'y aura point de président de la France », s'écrie l'ex-capucin Chabot; et Tallien [1] secrétaire de la Commune :

« Hors de cette salle le président de la Convention est simple citoyen. Si l'on veut lui parler, on ira le chercher au troisième, au cinquième étage : c'est là où loge la vertu. »

L'assemblée rejette unanimement la proposition de Manuel.

Ainsi, dès la première heure, la Convention affirme ses idées égalitaires. Nul faste, nul cérémonial n'entourera les chefs de l'État.

La simplicité convient aux démocraties.

« Il n'y aura pas de président de la France. » Cela rappellerait les rois et la Convention prétend abolir la royauté. Un membre objecte que le peuple seul peut le faire. Henri Grégoire, ancien curé d'Embermesnil-en-Lorraine, ex-député à la Constituante, évêque de Blois et membre du club des Jacobins, lui répond :

1. Tallien, né à Paris en 1769, l'un des membres les plus ardents du club des Jacobins, prit une part signalée au 10 août et fut élu par le département de Seine-et-Oise à la Convention. Montagnard, il vote la mort de Louis XVI et fait mettre hors la loi les Girondins. Envoyé à Bordeaux il comprime la révolte girondine avec une rigueur implacable. C'est là qu'il s'éprend de madame de Fontenay, fille du financier espagnol Cabarrus. Cette jeune femme apprivoise le proconsul qui se montre plus clément. Robespierre le fait alors chasser des Jacobins. Tallien rallie tous les ennemis de Robespierre et le renverse au 9 thermidor. La belle Thérésa de Fontenay devient madame Tallien et divorce en 1802 avec son mari. Il mourut le 16 novembre 1820, à Pairs.

1750 — H. GRÉGOIRE — 1831

« Certes, personne ne proposera jamais de conserver en France la race funeste des rois ; nous savons trop bien que toutes les dynasties n'ont jamais été que des races dévorantes qui ne vivaient que de chair humaine. Mais il faut pleinement rassurer les amis de la liberté. Il faut détruire ce talisman dont la force magique serait propre à stupéfier encore bien des hommes. Je demande donc que par une loi solennelle vous consacriez l'abolition de la royauté. »

Bazire voudrait attendre le vœu du peuple.

« Eh ! qu'est-il besoin de discuter, reprend énergiquement Grégoire. Les rois sont dans l'ordre moral ce que sont les monstres dans l'ordre physique. Les cours sont l'atelier des crimes et la tanière des tyrans. L'histoire des rois est le martyrologe des nations. »

La proposition de l'abbé Grégoire est votée au milieu des applaudissements :

« La Convention nationale décrète que la royauté est abolie en France. »

Le 13 mars 1649, durant la Fronde, alors que le cardinal Mazarin et le jeune roi Louis XIV assiégeaient les Parisiens révoltés, quelques voix crièrent sur le passage du Parlement qui négociait la paix avec la cour :

« République ! »

Ce cri s'éteignit sans écho.

Cent-quarante-trois ans plus tard, ces voix isolées étaient devenues l'acclamation de tout un peuple.

Les premiers qui connurent la proclamation de la République furent de jeunes volontaires qui partaient pour l'armée. Ils entrent au son de la trompette, jurent de ne revenir qu'après avoir vaincu les ennemis de la liberté, et dans leur enthousiasme offrent pour les frais de la guerre deux journées de leur solde.

La veille, à Valmy, devant les colonnes prussiennes qui marchent sur les Français, les soldats de Kellermann mettent leurs chapeaux à la pointe des sabres et des baïonnettes, poussent une immense et joyeuse clameur qui remplit la vallée :

« Vive la Nation ! »

Bientôt les vainqueurs de Valmy entreront dans les villes allemandes aux cris de : « Vive la République ! »

CHAPITRE I

LE SUFFRAGE UNIVERSEL

(Constitution de 1793)

C'était une chose vraiment nouvelle dans le monde que la République. Rien de semblable n'avait encore paru; rien, ni dans l'antiquité, ni dans les temps modernes, ne se pouvait comparer à la République française.

Les Républiques grecques, la République romaine présentent un caractère bien différent. Il va sans dire que les esclaves y sont éloignés du gouvernement; mais, parmi les hommes libres, un petit nombre seulement jouit des droits de citoyen et prend part aux affaires publiques.

L'Angleterre au xviiie siècle ne saurait non plus donner l'idée de la République française : le droit d'élire et le droit d'être élu n'appartenaient qu'à une portion restreinte du peuple britannique.

La Constitution de 1791, votée par l'Assemblée nationale Constituante, prive de même une partie des Français du droit qu'a tout homme de choisir ses représentants. Il faut, pour être électeur, payer une contribution directe équivalant au prix de trois journées de travail ; pour être éligible, il faut posséder un revenu équivalant au prix de cent cinquante journées de travail dans les campagnes, et de deux cents dans les villes.

Tous les pauvres sont par là exclus du gouvernement.

La Convention nationale, dès la première séance, réprouve cette injustice.

« Je demande, dit Tallien, que préalablement à tout, l'Assemblée prenne l'engagement solennel de ne pas se séparer avant d'avoir donné au peuple français un gouvernement fondé sur les bases de la liberté et de l'*égalité.* »

La Convention décrète que tous les Français, sans distinction de fortune, seront électeurs et éligibles :

« Tout homme né et domicilié en France, âgé de vingt et un ans accomplis ;

Tout étranger âgé de vingt et un ans accomplis, qui est domicilié en France depuis une année,

Y vit de son travail,

Ou acquiert une propriété,

Ou épouse une Française,

Ou adopte un enfant,

Ou nourrit un vieillard ;

Tout étranger enfin qui sera jugé par le corps législatif avoir bien mérité de l'humanité,

Est admis à l'exercice des droits de citoyen français. »

(Constitution de 1793. Article IV.)

« Tout Français exerçant les droits de citoyen, est éligible dans toute l'étendue de la République. »

(Article XXVIII.)

C'est la première apparition, dans l'histoire, du suffrage universel. Il fut établi par la Convention le mardi 11 juin 1793.

En fait, la proclamation du gouvernement révolutionnaire le suspendit. Il ne fut appliqué que cinquante-cinq ans plus tard ; dans les jours qui suivirent la Révolution de février 1848, M. de Lamartine rédigea le décret suivant :

« Le gouvernement provisoire arrête en principe et à l'unanimité que le suffrage sera universel et direct, sans la moindre condition de cens. » (2 mars 1848.)

Ainsi le suffrage universel proscrit sous le Directoire, le Consulat, l'Empire et la Restauration, reparaît avec la seconde République.

C'est que tout gouvernement républicain doit forcément s'appuyer sur le suffrage universel.

La Convention l'a senti : c'est sa gloire. Elle vit bien que les droits politiques sont inhérents à l'homme en tant qu'homme, en tant qu'être raisonnable. Il ne faut pas que la richesse donne ces droits ni que la pauvreté les enlève.

L'Assemblée constituante avait décrété l'abolition des privilèges (4 août 1789).

Pourtant, elle écartait du corps électoral les citoyens qui ne payaient pas un certain cens. Réserver le droit d'élire et le droit d'être élu à une partie du peuple en excluant l'autre, n'était-ce pas reconstituer au profit des uns le plus odieux des privilèges ?

Le malheureux qui ne possède rien, qui gagne son pain au jour le jour, et couche sous le toit d'autrui, en est-il moins un homme? Ce travailleur qui lutte pour vivre, n'est-il pas plus méritant que tel riche qui s'est donné, comme dit Figaro, « la peine de naître et rien de plus »?

Le misérable ne défend-il pas sa patrie? Ne sert-il pas aux armées?

Pourquoi, lorsqu'on exige de lui le plus grand des devoirs, l'impôt du sang, le prive-t-on de ses droits les plus précieux, les droits politiques?

La Convention, nivelant cette choquante inégalité, ne vit dans tous les Français nobles et bourgeois, ouvriers et paysans, riches et pauvres, que les fils d'une même patrie: elle leur accorda les mêmes droits; elle voulut que tout homme, pleinement citoyen, fut électeur et éligible.

On n'avait pas encore eu dans le monde un sentiment aussi vif de la dignité humaine.

Voltaire disait de l'*Esprit des Lois*[1] :

« Le genre humain avait perdu ses titres; M. de Montesquieu les a retrouvés. »

La Convention fit mieux que de retrouver les titres du genre humain :

Elle les lui rendit.

---

1. Cet ouvrage parut en 1748. Madame du Deffand dit que c'était *de l'esprit sur les lois*. Charles de Secondat, baron de Montesquieu, né le 18 janvier 1689 au château de la Brède (Gironde), mort à Paris le 10 février 1755, écrivit les *Lettres Persanes* (1721), les *Considérations sur les Causes de la grandeur et de la décadence des Romains* (1734), et fut un des collaborateurs de l'*Encyclopédie*.

CHAPITRE III

GOUVERNEMENT REPRÉSENTATIF

(Constitution de 1793)

Dans les Républiques anciennes, nous l'avons vu, le nombre des hommes qui jouissaient de leurs droits politiques était restreint. Peu nombreux, les citoyens pouvaient s'assembler sur la place publique et là voter les lois, rendre les décrets, élire les magistrats, bref administrer personnellement l'État.

De nos jours ce système gouvernemental est impraticable pour deux motifs :

Impossibilité matérielle d'abord : au lieu de dix mille citoyens que pouvait compter Athènes sous Périclès, la France en compte plusieurs millions ; au lieu d'habiter une même ville, ces millions de citoyens sont répandus sur un immense territoire. Ils ne sauraient donc se réunir en un seul endroit pour s'occuper des affaires publiques.

Seconde raison qu'indique Montesquieu : Il est des questions politiques qui demandent pour être comprises des études préalables fort sérieuses. Tel paysan, tel ouvrier n'a pas les connaissances nécessaires pour les résoudre, et comme il travaille pour gagner sa vie, il n'a pas le temps d'y réfléchir. Il ressemble à l'homme qui veut bâtir une maison et qui ne connaît absolument rien à l'architecture ; par lui-même il est parfaitement incapable de construire l'édifice : mais il est toujours capable de choisir un bon architecte qui tirera les plans et conduira les travaux.

De même pour le gouvernement : le premier venu n'a pas l'étoffe d'un homme d'État. Tout homme n'est pas capable d'entendre la politique, d'en résoudre les difficultés, d'en démêler les complications. Mais tout homme est capable de choisir un représentant instruit, éclairé, qui aura la science nécessaire pour élucider ces graves problèmes et l'expérience indispensable pour administrer sagement la République.

Telles sont les raisons qui rendent le gouvernement direct du peuple par le peuple irréalisable.

Les hommes de la Révolution le comprirent. Voulant donc substituer à la monarchie absolue détruite par eux, un régime nouveau, juste, libéral, égalitaire, ils fondèrent le gouvernement représentatif.

« La démocratie, disait Robespierre, n'est pas un état où le peuple continuellement assemblé règle par lui-même toutes les affaires publiques. La démocratie est un État où le peuple fait par lui-même tout ce qu'il peut bien faire et par des délégués tout ce qu'il ne peut pas faire lui-même.

« Nous voulons un ordre de choses où le citoyen soit soumis au magistrat, le magistrat au peuple, et le peuple à la justice. » (17 pluviôse an II, 5 février 1794.)

C'était le seul régime qui pût convenir aux sociétés modernes, le seul régime qui respectât la liberté, l'égalité, le seul qui reconnût la souveraineté du peuple.

La Constitution de 1793 confie le pouvoir législatif à une seule chambre :

« Un peuple qui a deux représentations, disait Robespierre, cesse d'être unique. Une double représentation est le germe du fédéralisme et de la guerre civile. Qu'on ne m'objecte pas que les deux assemblées auraient des fonctions différentes : l'une s'armerait de la Constitution existante ; l'autre de cet intérêt plus vif que prend un peuple à ses nouveaux représentants ; la lutte s'engagerait ; la rivalité éveillerait des haines et les ennemis de la liberté profiteraient de ces dissensions pour bouleverser la République. »

Ici, une objection se présente : Les députés une fois élus peuvent trahir leurs engagements. La Convention y prend garde. Soucieuse de ménager de fréquents rapports entre les électeurs et les élus, elle décrète que le mandat législatif ne durera qu'une année. Tous les ans, au 1ᵉʳ mai, le peuple s'assemble de droit pour de nouvelles élections, réélit ses députés s'ils ont tenu leurs promesses, en nomme d'autres si les anciens ne représentent plus ses idées, ses aspirations.

Seconde précaution : le corps législatif, dit la Constitution de 1793, ne rend pas les lois, mais les *propose*. Chaque projet de loi est imprimé, puis envoyé à toutes les communes de la République sous ce titre : « *Loi proposée* ». Quarante jours après l'envoi, si, dans la moitié des départements plus un, le dixième des assemblées primaires (réunions d'électeurs) n'a pas réclamé, le *projet* devient *loi*. Mais il est des mesures qui demandent à être prises promptement, par exemple lorsqu'il faut défendre le territoire, ratifier des traités, nommer ou casser des chefs d'armée, poursuivre des complots contre la République. Alors, le corps législatif ne consulte pas le peuple et de sa propre autorité rend les *décrets* nécessaires.

Dans la Constitution de 1793, le contrôle du peuple va aussi loin que possible, et la Convention pouvait répéter avec Hérault de Séchelles : « Nous n'avons eu qu'un but : celui d'atteindre le résultat le plus démocratique. »

CHAPITRE IV

DÉCLARATION DES DROITS DE L'HOMME

LIBERTÉ — ÉGALITÉ — FRATERNITÉ

(Constitution de 1793)

La Constitution de 1793 commence par une déclaration des Droits de l'homme dont l'inspirateur fut Robespierre.

Tel en est le début :

« Le peuple français, convaincu que l'oubli et le mépris des droits naturels de l'homme sont les seules causes des malheurs du monde, a résolu d'exposer dans une déclaration solennelle ces droits sacrés et inaliénables, afin que tous les citoyens, pouvant comparer sans cesse les actes du gouvernement avec le but de toute institution sociale, ne se laissent jamais opprimer et avilir par la tyrannie ; afin que le peuple ait toujours devant les yeux les bases de sa liberté et de son bonheur, le magistrat la règle de ses devoirs, le législateur l'objet de sa mission. »

Voici les principaux articles de la Déclaration :

Gouvernement. — « Le but de la Société est le bonheur commun. Le gouvernement est institué pour garantir à l'homme la jouissance de ses droits naturels et imprescriptibles. » (Article Ier.)

Loi. — « La loi est l'expression libre et solennelle de la volonté générale ; elle est la même pour tous, soit qu'elle protège, soit qu'elle punisse ; elle ne peut ordonner que ce qui est juste et utile à la société ; elle ne peut défendre que ce qui lui est nuisible. » (Article IV.)

Impôt. — « Nulle contribution ne peut être établie que pour l'utilité générale. Tous les citoyens ont droit de concourir à l'établissement des contributions, d'en surveiller l'emploi et de s'en faire rendre compte. » (Article XX.)

Propriété. — « Le droit de propriété est celui qui appartient à tout citoyen de jouir et de disposer à son gré de ses biens, de ses revenus, du fruit de son travail et de son industrie. » (Art. XVI.)

Souveraineté du peuple. — « La souveraineté réside dans le peuple. Elle est une, indivisible, imprescriptible et inaliénable. » (Article XXV.)

« Que tout individu qui usurperait la souveraineté soit à l'instant mis à mort par les hommes libres. » (Art. XXVII.)

Liberté. — « La liberté est le pouvoir qui appartient à l'homme de faire tout ce qui n'est pas contraire aux droits d'autrui : elle a pour principe, la nature ; pour règle, la justice ; pour sauvegarde, la loi ; sa limite morale est dans cette maxime :

« Ne fais pas à un autre ce que tu ne veux pas qu'il te soit fait. » (Article VI.)

« Le droit de manifester sa pensée et ses opinions, soit par la voie de la presse, soit de toute autre manière, le droit de s'assembler paisiblement, le libre exercice des cultes ne peuvent être interdits. » (Article VII.)

« Nul ne doit être accusé, arrêté, ni détenu que dans les cas déterminés par la loi, et selon les formes qu'elle a prescrites ; tout citoyen,

1758 — MAX. DE ROBESPIERRE — 1794

appelé ou saisi par l'autorité de la loi doit obéir à l'instant ; il se rend coupable par la résistance. » (Article X.)

Égalité. — « Tous les hommes sont égaux par la nature et devant la loi. » (Article III.)

« Tous les citoyens sont également admissibles aux emplois publics. Les peuples libres ne connaissent d'autres motifs de préférence dans leurs élections que les vertus et les talents. » (Article V.)

Fraternité. — « Les secours publics sont une dette sacrée : La société doit la subsistance aux citoyens malheureux, soit en leur procurant du travail, soit en assurant les moyens d'exister à ceux qui sont hors d'état de travailler. » (Article XXI.)

Le grand cœur des conventionnels éclate ici. Ces philanthropes, ces disciples de Rousseau, brûlant pour le peuple d'un ardent amour, ne veulent pas d'un gouvernement égoïste et sec. Ils croient à la solidarité humaine ; ils ne se contentent pas de proclamer la justice : ils décrètent la bienfaisance.

Cet article XXI, qui énonce le devoir de la fraternité humaine, « est l'ouverture première des âges meilleurs, l'aurore du nouveau monde ». (Michelet.)

CHAPITRE V

LES RÉDACTEURS DE LA CONSTITUTION

(Constitution de 1793)

Huit jours suffirent pour élaborer la Constitution de 1793. Hérault de Séchelles, qui en fut le rédacteur, l'appelait un impromptu républicain.

Né à Paris en 1760, Hérault de Séchelles, neveu du maréchal de Contades, parent de la duchesse de Polignac, était en 1789 avocat général au Parlement de Paris. Brillant de jeunesse, d'esprit et de beauté, il joignait à une noblesse élégante de manières et à la distinction d'un homme du monde, un tempérament démocratique. Le 14 juillet, il prend les armes avec le peuple, combat à la Bastille où il a deux hommes tués près de lui. Député de Paris à l'Assemblée législative, il fait proclamer la patrie en danger. Le département de Seine-et-Oise l'envoie à la Convention. Il siège à la Montagne près de ses amis Camille Desmoulins et Danton. Celui-ci contrastait singulièrement avec Hérault de Séchelles :

« Danton, de race agricole, avait sous l'avocat, le tribun, le grand orateur, avait un rude paysan. On le reconnaissait sans peine à la puissante encolure, aux larges épaules, aux mains fortes. Le visage de cyclope cruellement labouré de petite vérole n'en rappelait que mieux les classes des campagnes où l'enfant n'est guère soigné que par la nature. » (Michelet.)

Malgré le contraste de leurs natures physiques, ces deux intelligences étaient faites pour se comprendre, et si Danton ne travailla pas directement à la Constitution, il en fut un des inspirateurs. « Il était né, il reste le personnage énergique et très fin qu'on voit souvent parmi les paysans de Champagne, les rusés compatriotes du bon La Fontaine. Les formes d'une cordialité grossière, souvent violente, y cachent d'autant mieux des esprits déliés, capables du ménagement des affaires et des intérêts. »

Un étroit lien unissait Hérault de Séchelles et Danton : leur ardent patriotisme. « Dussent nos noms être flétris, disait ce dernier, nous sauverons la liberté. » En 1792, au début de la guerre, des femmes furieuses rencontrent Danton, l'injurient, lui reprochent toute la Révolution, le sang qui sera versé, la mort de leurs enfants. Danton se retourne, monte sur une borne, les harangue : « Son masque effrayant, la sublime laideur d'un visage bouleversé prêtait à sa parole, dardée par accès, une sorte d'aiguillon sauvage... Sous ce masque violent on sentait un cœur; on finissait par se douter d'une chose c'est que cet homme terrible qui ne parlait que par menaces cachait au fond un brave homme. Ces femmes ameutées autour de lui sentirent tout cela; elles se laissèrent haranguer, dominer, maîtriser. Tout son cœur lui sortit de la poitrine avec des paroles d'une tendresse violente pour la France. Et sur ce visage étrange, qui ressemblait aux scories du Vésuve ou de l'Etna, commencèrent à venir de grosses gouttes et c'étaient des larmes... Ces femmes n'y

1760 — HÉRAULT DE SÉCHELLES — 1794

purent tenir; elles pleurèrent la France au lieu de pleurer leurs enfants, et sanglotantes s'enfuirent en se cachant le visage dans leur tablier. » (Michelet.)

Hérault de Séchelles avait le même patriotisme que Danton, le même enthousiasme républicain, la même foi révolutionnaire. Les deux amis périrent ensemble. Au pied de l'échafaud, Hérault de Séchelles voulut embrasser Danton. Le bourreau les sépara :

« Seras-tu plus cruel que la mort, lui cria Danton? Tu n'empêcheras pas nos têtes de se baiser dans le panier. » (5 avril 1794.)

Citons pour mémoire, comme ayant collaboré à la Constitution de 1793, Berlier et Ramel. Arrivons de suite à Couthon et à Saint-Just.

Georges Couthon, né en 1756 à Orcet, près de Clermont-Ferrand, avocat, député du Puy-de-Dôme à la Convention, membre du Comité de Salut Public, assiégea et prit Lyon révolté. Dans un corps débile, souffreteux, il cachait une âme énergique. « Couthon était privé de l'usage de ses jambes. Traversant pendant une nuit obscure de l'hiver une vallée marécageuse de l'Auvergne pour aller s'entretenir furtivement avec la jeune fille qu'il aimait, il s'était égaré dans les ténèbres. Enseveli jusqu'au matin dans la boue glacée qui s'enfon-

çait de plus en plus sous le poids de son corps, il avait lutté toute une
nuit contre la mort, et n'avait échappé au gouffre qu'engourdi et per-
clus. » Au 9 thermidor il fut décrété d'accusation avec son ami Robespierre. Fréron dit à la tribune : « Couthon voulait faire de nos ca-
davres un marchepied pour monter au trône. — Moi, monter au
trône ! » répond le Montagnard, et il montre ses jambes paralysées.

Saint-Just (Louis-Antoine de), né en 1767 à Decize (Nivernais),
s'attacha de bonne heure à
la fortune de Robespierre.
Élu député à la Convention
par le département de
l'Aisne, il siège à la Montagne. La pureté de ses
formes antiques, son vi-
sage presque imberbe, ses
joues d'une fraîcheur ro-
sée, ses cheveux noirs tom-
bant sur le front, ses yeux
bleus lui donnent l'air
d'une jeune fille. Seul le
regard fixe et perçant

SAINT-JUST

trahit une volonté inébranlable : « mais le plus étrange était son
allure, d'une raideur automatique qui n'était qu'à lui. La raideur de Robespierre n'était rien auprès. Tenait-elle à une singu-
larité physique, à son excessif orgueil, à une dignité calculée ?
peu importe. On sentait qu'un être tellement inflexible de mouvement devait l'être aussi de cœur. » (Michelet.) Jamais homme ne
cacha sous des dehors plus féminins plus de bravoure et plus

d'audace, et n'allia exaltation plus brûlante à plus merveilleux sang-froid. Austère et probe, il rêve une République idéale où règnerait la justice et la vertu. Il s'est tracé un plan de conduite dont il ne s'écarte pas d'une ligne; ni hésitation, ni fluctuation; prompt à se décider, plus prompt à agir, il suivait ses idées jusqu'au bout, ne reculant devant aucune conséquence : « Ceux qui font les révolutions à demi, disait-il, ne font que creuser leur tombeau. »

Dans le procès de Louis XVI, il demanda la mort. Son éloquence sobre, nerveuse, entremêlée de sentences, sa parole brève, ardente, hautaine, qui pénétrait l'âme comme un coup de stylet, remua profondément l'assemblée : « Le roi doit être jugé en ennemi, dit Saint-Just. Nous avons moins à le juger qu'à le combattre. Juger un roi comme un citoyen ! Juger c'est appliquer la loi. Une loi est un rapport de justice. Quel rapport de justice y a-t-il donc entre l'humanité et les rois ? On ne peut régner innocemment. Tout roi est un rebelle et un usurpateur. Il n'est pas de citoyen qui n'ait sur lui le droit qu'avait Brutus sur César. »

Représentant du peuple à l'armée du Rhin, il culbute les Prussiens; un parlementaire vient à Strasbourg demander une suspension d'armes; Saint-Just lui lance cette brève réponse :

« La République française ne reçoit de ses ennemis et ne leur envoie que du plomb ! »

Il prend l'offensive, donne pour mot d'ordre à l'armée : « Landau ou la mort ! » charge en tête des colonnes, se jette « au milieu de la mitraille et de l'arme blanche avec la fougue et l'insouciance d'un jeune hussard », et entre victorieux dans Landau débloqué.

Plus tard, à l'armée du Nord, il assiège Charleroi. Le gouverneur envoie un parlementaire avec une lettre pour le général en chef. Jourdan, sans la lire, la donne au représentant Saint-Just qui la rend aussitôt à l'officier autrichien :

« Ce n'est pas un chiffon de papier, dit-il, mais la place que je vous demande. »

Le jour même, la garnison capitule et le lendemain Jourdan, stimulé par Saint-Just, gagne la bataille de Fleurus.

Saint-Just périt avec Robespierre et Couthon. Le 10 thermidor an II (28 juillet 1794) il monta sur l'échafaud, fier, stoïque, dédaigneux, le front haut.

Il n'avait pas vingt-sept ans.

CHAPITRE VI

LA RÉPUBLIQUE UNE ET INDIVISIBLE

(Constitution de 1793)

Saint-Just qui frappa Danton avait au cœur la même pensée que
lui, la pensée patriotique, la pensée maîtresse des Montagnards,
celle de l'unité de la France. Elle apparaît sous toutes les formes;
elle inspire tous les actes de la Convention. La France doit être une :
unité territoriale, unité politique, unité administrative, partout ce
besoin d'unité éclate dans les mesures révolutionnaires.

Dès 1792, le 25 septembre, Danton disait à la tribune :

« La France doit être un tout indivisible. Les citoyens de Marseille
veulent donner la main aux citoyens de Dunkerque. Je demande la
peine de mort contre quiconque voudrait détruire l'unité de la
France. »

Les Girondins semblaient vouloir la détruire. Accorder à chaque
département l'indépendance, l'autonomie, les trois pouvoirs législatif
exécutif et judiciaire, en un mot diviser la France en quatre-vingt-
sept petits États réunis par un faible lien fédératif, tel est le système politique que paraissaient rêver les Girondins.

Saint-Just, comme Danton, fulmine contre le fédéralisme. Citant les États-Unis comme exemple, il prononce ces paroles prophétiques :

« Cet État confédéré n'est point une république ; les législateurs du Nouveau-Monde ont laissé dans leur ouvrage un principe de dissolution. Un jour un État s'armera contre l'autre; on verra se diviser les représentants et l'Amérique finira par la confédération de la Grèce. »

L'unité que Danton et Saint-Just réclamaient, fut solennellement décrétée. Le 11 juin 1793, Hérault de Séchelles, montant à la tribune, présenta en ces termes le premier article de la Constitution :

« La République française est une et indivisible. »

L'article est voté. Vifs applaudissements.

Il y avait une souveraine grandeur à proclamer en ce moment la France une et indivisible. La situation était effrayante ; la patrie menace de se dissoudre. L'Angleterre harcèle nos côtes; la Prusse, la Hollande, l'Autriche, l'Allemagne nous attaquent de la Manche au Rhin; le roi de Naples combat avec les coalisés; les Piémontais franchissent les Alpes, les Espagnols les Pyrénées. Catherine de Russie chasse les Français de ses États. La France est seule contre l'Europe.

« De l'audace, encore de l'audace, toujours de l'audace! » s'écrie la grande voix de Danton.

Terrible année! spectacle grandiose! La Convention pousse un million d'hommes aux frontières. Carnot organise quatorze armées.

Des revers partout. Le traître Dumouriez, battu à Nerwinde, évacue la Belgique, livre à l'Autriche les commissaires de la Convention et passe à l'ennemi (avril 1793). Les alliés investissent Valenciennes, Condé; le roi de Prusse assiège Mayence. Au sud, les

1759 — G.-J. DANTON — 1794

Espagnols, débouchant des Pyrénées, envahissent le Roussillon. Aux
Alpes, les Italiens vainqueurs menacent Nice et la Savoie. Ce n'est
pas assez d'avoir l'étranger en face ; nos soldats ont à dos la guerre

CARNOT ORGANISATEUR DE LA VICTOIRE

civile. Les Girondins soulèvent le Midi, Bordeaux, Aix, Nîmes, Arles,
Avignon, Toulon, Marseille, Lyon. Les Marseillais s'apprêtent à
franchir la Durance sur un pont de bateaux ; un enfant de treize

ans, Agricol Viala, coupe les câbles sous la fusillade ; il tombe criblé de balles, mais le passage est fermé. D'autres Girondins, réunis à Caen, appellent la province aux armes. Huit départements se fédèrent contre Paris. En même temps les Vendéens gagnent les batailles de Fontenay[1] et de Saumur.

Le cercle de feu se rapproche, enserrant de plus en plus Paris.

C'est au milieu de cette effroyable crise que la Convention déclare la République française une et indivisible ; c'est alors qu'elle inscrit ces mots dans la Constitution :

« Le peuple français ne fait point la paix avec un ennemi qui occupe son territoire. »

— « De tels articles, objecte Mercier, s'écrivent ou s'effacent avec la pointe d'une épée. Avez-vous fait un traité avec la victoire ? »

Le montagnard Basire[2] lui jeta ce cri sublime.

« Nous en avons fait un avec la mort ! »

1. Quelques jours plus tard, le petit tambour Joseph Bara, né en 1780, est cerné par les Vendéens qui lui ordonnent sous peine de mort de crier : « Vive Louis XVII ! » Il crie : « Vive la République ! » et se fait tuer (1793).

2. Claude Basire, né à Dijon en 1764, député à la Législative et à la Convention, fut traduit avec Danton, Westermann, Chabot, Fabre d'Églantine, devant le tribunal révolutionnaire, et guillotiné avec eux, le 5 avril 1794.

CHAPITRE VII

LA CONVENTION TRAVAILLE
POUR L'HUMANITÉ

(Constitution de 1793)

Dans la pensée des Conventionnels, la Constitution de 1793 n'était pas exclusivement destinée à la France : elle fut faite pour servir de modèle à toutes les nations. L'assemblée invita les publicistes français et étrangers à lui transmettre leurs idées.

Témoignage éclatant du génie cosmopolite de la Convention. Elle voulait la fraternité des peuples ; elle reçut dans son sein l'Américain Thomas Paine[1] et le baron prussien Anacharsis Cloots[2], *l'orateur du genre humain*, qui défendaient la République et la liberté. Le Péruvien Miranda commandait nos armées.

La Convention ne travailla jamais pour la patrie seule, mais pour l'humanité.

1. Thomas Paine (1737-1809) né en Angleterre, émigré en Amérique, prit une très grande part à la guerre de l'indépendance américaine, défendit à Londres les principes de la Révolution française et fut élu à la Convention par le Pas-de-Calais.

2. Cloots, né à Trèves en 1754, guillotiné le 24 mars 1795, se rendit célèbre par son athéisme et son ardeur républicaine.

C'est un ami de Danton, un Montagnard qu'inspirait le génie politique du grand tribun, c'est Thuriot[1] qui prononça ces belles paroles :

« La Révolution n'est pas seulement à la France. Nous en sommes comptables à l'humanité. »

Hérault de Séchelles disait à propos de la Constitution :

« Le jour où vous l'aurez faite, sera celui d'une résurrection pour la France, d'une révolution pour l'Europe. Tous nos destins reposent dans ce monument ; il est plus puissant que nos armées. »

Touchante confiance ! En formulant les droits du genre humain, les principes des sociétés modernes, la Convention pensait ouvrir les yeux aux autres nations, les dégoûter de la tyrannie et susciter une guerre des peuples contre les rois :

« Tous dans la foi naïve de cet âge, croyaient que la vérité n'avait qu'à paraître pour vaincre ; ils faisaient cet honneur à leurs ennemis de croire qu'en présence de la Liberté et de la Justice, ils jetteraient les armes. » (Michelet.)

Les peuples étaient de cœur avec nous.

Un jour à Gênes, en pleine lutte avec l'Angleterre, des matelots français buvaient dans un cabaret en chantant la *Marseillaise*. Les marins d'un vaisseau anglais s'arrêtent devant la porte, et lorsqu'ils entendent le couplet *Amour sacré de la patrie*, ils ôtent spontanément leurs bonnets. Les nôtres leur offrent à boire et ces braves gens qu'on forçait d'être ennemis, trinquent ensemble. A Londres, on ne voyait que caricatures de Louis XVI.

Il fallut l'ambition de Bonaparte et douze ans de guerres aussi injustes qu'impolitiques pour nous vouer à l'exécration de l'Europe.

---

1. Thuriot de la Rosière, avocat, député de la Marne, mourut exilé à Liège en 1829.

CHAPITRE VIII

FÊTE DE LA CONSTITUTION.

(Constitution de 1793)

Le 10 août 1793, Paris célébra une grande fête nationale, pour inaugurer la Constitution. L'ordonnateur était le peintre David, député Montagnard.

Dès le lever du soleil, la Convention, les délégués des communes, les magistrats de Paris, les sociétés populaires, se réunissent sur la place de la Bastille où se dresse une statue colossale de la Nature. Les canons tonnent; une musique douce succède; le président de l'Assemblée et de la fête, Hérault de Séchelles, prononce un discours.

Puis, le cortège défile : les Jacobins marchent en tête; suit la Convention; chaque représentant porte un bouquet d'épis de blé et de fruits. Les envoyés des communes entourent les députés; ils tiennent un rameau d'olivier d'une main, de l'autre la pique. Derrière, s'avancent les magistrats confondus avec le peuple en signe d'égalité. Le maire de Paris, le procureur de la Commune vont de pair avec le paysan et l'ouvrier. Les artisans se parent de leurs outils. Cette fête est l'apothéose du peuple.

Les héros de la fête, les vrais triomphateurs sont les malheureux. Traînés sur des chars, les aveugles, les enfants-trouvés, les vieillards chantent joyeusement. Ces misérables que les rois tenaient dans l'abjection, la République les aime ; elle leur donne la place d'hon-

neur et prouve que sa devise « Fraternité » n'est pas un vain mot.

Un char, attelé de huit chevaux blancs, porte une urne symbolique, qui est censée contenir les cendres des soldats morts pour la patrie.

Place de la Révolution, devant la statue de la Liberté, Hérault de Séchelles brûle les insignes du despotisme, couronne, sceptre, écusson, armoiries. Au Champ-de-Mars, il monte sur l'autel de la patrie et proclame en ces mots la Constitution :

« Français, quatre-vingt-sept départements ont accepté l'acte constitutionnel. Jamais un vœu plus unanime n'a organisé une république plus grande et plus populaire. Il y a un an, notre territoire était occupé par l'ennemi : nous avons proclamé la République; nous fûmes vainqueurs. Maintenant, tandis que nous constituons la France, l'Europe l'attaque de toutes parts; jurons de défendre la Constitution jusqu'à la mort. La République est éternelle. »

Des salves d'artillerie éclatent. Un million d'hommes acclame cette Constitution, « la seule, depuis qu'il existe des peuples, qui ait donné à un grand empire une liberté fondée sur l'égalité et qui ait fait de la fraternité un dogme politique ».

Cette constitution si applaudie ne devait jamais être appliquée. La Convention décréta le gouvernement révolutionnaire jusqu'à la paix; les patriotes périrent; après Hérault de Séchelles et Danton, Saint-Just, Couthon, Robespierre; les réacteurs abolirent l'œuvre des Montagnards, reculèrent jusqu'au suffrage restreint et rompirent l'unité du corps législatif en établissant deux Chambres au lieu d'une.

N'oublions pas la Constitution de 1793.

Elle posa le suffrage universel comme base de la République; à côté de la justice, elle érigea en principe la bienfaisance, la fraternité humaine :

« La Société doit la subsistance aux citoyens malheureux, » dit la déclaration des Droits.

C'est la plus belle maxime de l'évangile révolutionnaire.

CHAPITRE IX

ABOLITION DE L'ESCLAVAGE.

(Constitution de 1793)

L'esclavage exista de temps immémorial dans l'antiquité. Il eut pour origine la guerre. Les prisonniers faits dans les combats étaient réduits en servitude. L'esclavage se développa tellement, qu'à la fin de l'empire romain des familles riches possédaient jusqu'à deux et trois mille esclaves. Ces malheureux sont la chose du maître au même titre qu'un cheval ou un sac de blé; on les expose sur la place publique, comme toute espèce de marchandise; on vend à des acheteurs différents le père et les fils, le mari et la femme. Aussi n'y a-t-il pas de famille pour l'esclave : il ne peut y en avoir.

Au moyen âge le servage remplace l'esclavage.

Ce fut un adoucissement : le serf est attaché à la glèbe; il ne peut sortir du pays où il habite; s'il quitte sa terre natale, son seigneur peut le poursuivre et le ramener de force; il fait partie des domaines du noble comme une fontaine ou un peuplier; on le vend avec le sol; mais on ne le sépare pas de sa femme et de ses enfants; la maisonnée est vendue en bloc; aussi le servage, si dur qu'il soit, ne détruit pas la famille.

La puissance des seigneurs portait ombrage aux rois capétiens; pour l'affaiblir, ceux-ci ne trouvent pas de meilleur moyen que de s'appuyer sur les vilains et de les rendre plus redoutables.

Aussi les voyons-nous favoriser de toutes leurs forces l'émancipation des serfs.

Vers l'année 1311, Philippe le Bel en rend un grand nombre à la liberté; Louis le Hutin en 1315 affranchit tous les serfs de la couronne. Ils disparaissent peu à peu; mais pas entièrement. Les nobles avaient trop d'intérêt à maintenir le servage pour qu'il n'en restât pas quelques traces. Au xviiie siècle les chanoines de Saint-Claude en Franche-Comté ont encore des serfs; vingt moines tiennent en servitude douze mille habitants du Jura. Voltaire fulmine contre ce reste de barbarie féodale qui n'est complètement anéanti que par la Révolution.

En même temps que, sauf exceptions rares, l'esclavage s'éteint dans l'Europe occidentale, il renaît au Nouveau-Monde. Deux peuples, qui se piquent entre tous de ferveur pour la foi catholique, les Portugais et les Espagnols, le rétablissent. Ces conquérants de l'Amérique, ayant exterminé les indigènes de leurs colonies, les remplacent par des nègres africains. L'horrible traite des noirs commence. A leur tour, la France, l'Angleterre, la Hollande enlèvent sur le littoral d'Afrique le bétail humain, « le bois d'ébène » et le transportent outre-mer.

La traversée, la maladie, les mauvais traitements déciment ces misérables. Sur cent hommes, jusqu'à soixante périssent, et l'on en déporte à peu près cent mille par an! Les survivants courbés sous le fouet, condamnés à un effrayant labeur, s'épuisent et s'exténuent pour contenter l'avarice du maître.

Telle est la condition des noirs en Amérique quand éclate la Révolution française.

L'Assemblée constituante accorde les droits civiques aux hommes de couleur libres ; mais elle n'affranchit pas les autres. En 1793, la Convention condamne en principe l'esclavage dans la *Déclaration des Droits*.

« Tout homme peut engager ses services, son temps ; mais il ne peut se vendre ni être vendu : sa personne n'est pas une propriété aliénable. » (Chapitre XVIII.)

En fait, l'esclavage subsiste aux colonies, à la Guadeloupe, à la Martinique, à Saint-Domingue. Les députés de cette dernière île, le premier blanc, le second mulâtre, le troisième noir, arrivés à Paris, viennent siéger à la Convention le 15 pluviôse an II (3 février 1794). Le président leur donne l'accolade fraternelle. Le lendemain, Levasseur, député de la Sarthe, dit à la tribune :

« Je demande que la Convention, cédant aux principes de la justice, fidèle à la Déclaration des Droits de l'homme, décrète dès ce moment l'esclavage aboli sur tout le territoire de la République. Je demande que tous les hommes soient libres sans distinction de couleur. »

Et Danton :

« Représentants du peuple, jusqu'ici nous n'avons décrété la liberté qu'en égoïstes et pour nous seuls. Aujourd'hui, nous proclamons la liberté universelle ; nous travaillons pour les générations futures. Lançons la liberté dans les colonies. »

L'assemblée entière se lève par acclamation. Elle vote le décret suivant :

« La Convention nationale déclare aboli l'esclavage des nègres dans toutes les colonies. En conséquence, elle décrète que tous les hommes, sans distinction de couleur, domiciliés dans les colonies, sont citoyens français et jouiront de tous les droits assurés par la Constitution. » (16 pluviôse an II, 4 février 1794.)

Les cris de vive la République! vive la Convention! vive la Montagne! éclatent de toutes parts.

Les deux députés de couleur s'embrassent. Une pauvre négresse, qui assiste à la séance dans les tribunes publiques, ressent une telle joie de voir enfin la liberté rendue à ses frères, qu'elle s'évanouit.

Le décret de la Convention excita un immense enthousiasme aux colonies.

Mais la tranquillité des noirs dura peu. L'homme qui au coup d'État du 18 brumaire égorgea la République, qui démolit pièce à pièce les institutions républicaines, le mauvais génie de la France, Bonaparte, rétablit l'esclavage aux îles de France et de la Réunion, à la Guyane, à Tabago, à Sainte-Lucie.

La Guadeloupe résista. Les nègres se soulèvent pour défendre leur liberté. Il faut des efforts terribles pour en venir à bout. Le 8 juin 1802, trois cents noirs, les derniers survivants de la lutte, assiégés dans le poste du Parc-à-Mahoubac, et sommés de se rendre, se font sauter. Bonaparte triomphe.

Mais il subit un sanglant échec à Saint-Domingue :

Haïti était la plus belle des Grandes-Antilles, elle comptait 40 000 blancs et 700 000 noirs. Voulant y rétablir l'ancien ordre de choses et se débarrasser de soldats suspects pour leur attachement à la République, le Premier Consul envoie dans l'île son beau-frère Leclerc avec 21 000 hommes de la glorieuse armée du Rhin.

Mais les noirs avaient un chef : Toussaint-Louverture. Né en 1743 près du Cap-Français, fils d'esclave, esclave lui-même chez le comte de Noë, puis cocher d'un capitaine de la marine marchande, il apprit à lire et devint contre-maître d'une plantation.

Après le décret de la Convention, sa bravoure, son énergie habile et active, les services qu'il rend à la France le font nommer général de division par le gouverneur Laveaux. Le Cap s'étant révolté, Toussaint-Louverture accourt et délivre Laveaux, prisonnier des mulâtres. Créé lieutenant du gouverneur, Toussaint-Louverture chasse les Anglais et pacifie l'île.

Grêle et laid, il avait un corps de fer; il faisait cinquante lieues à cheval et ne dormait jamais plus de deux heures.

Quand les troupes françaises débarquent dans l'île, Toussaint-Louverture soulève ses noirs. Une guerre atroce s'engage. Les nègres ne peuvent tenir contre les vétérans des armées du Rhin; mais ils disputent héroïquement chaque pouce de terrain. Vaincus, ils incendient les villes, massacrent les blancs, détruisent les vivres. Las d'une pareille lutte, Leclerc signe un traité avec Toussaint-Louverture. Il fut stipulé que l'esclavage serait pour toujours aboli.

Trois mois après, le chef noir, enlevé par trahison, est envoyé en France et meurt de froid au fort de Joux (avril 1803).

Cette perfidie amène une révolte générale. Leclerc et nombre de soldats français meurent de la fièvre jaune. Ces héros dont le nom faisait trembler l'Europe, enlevés par la maladie, traqués par les noirs, exterminés, tombent sans gloire dans une île lointaine.

Haïti est perdue sans retour.

Bonaparte avait répandu le sang de 20 000 braves sans autre résultat que de nous enlever la plus riche et la plus florissante de nos colonies.

Quant à l'esclavage, aboli par la Convention, rétabli par le despotisme impérial, il tombe de nouveau avec le gouvernement monarchique.

Quelques jours après la Révolution de février 1848, fut rendu le décret suivant :

« Au nom du peuple français, le gouvernement Provisoire de la République, considérant que nulle terre française ne peut plus porter d'esclaves, décrète : Une commission est instituée auprès du ministre provisoire de la marine et des colonies pour préparer, dans le plus bref délai, l'acte d'émancipation immédiate dans toutes les colonies de la République.

« Le ministre de la marine pourvoira à l'exécution du présent décret.

« Les membres du gouvernement Provisoire :

« Dupont (de l'Eure). Arago. Lamartine. Louis Blanc. Ad. Crémieux. Ledru-Rollin. Garnier-Pagès. Marie. Marrast. Flocon. Albert. »

Paris, le 4 mars 1848.

L'abolition de l'esclavage fut inscrite dans l'article 6 de la Constitution.

Il appartenait à la seconde République de terminer et parfaire ce qu'avait commencé l'autre.

CHAPITRE X

CLUB DES JACOBINS

Peu après la réunion des États-Généraux (1789) quelques députés se réunirent en dehors des séances, pour discuter les questions politiques. C'était à Versailles. Le Club comptait parmi ses membres Pétion, Robespierre, le duc d'Orléans, Talleyrand, Barère[1], Mirabeau, Lafayette, Boissy-d'Anglas.

Après les journées d'Octobre, le Club se transporte à Paris et s'installe au couvent des Jacobins de la rue Saint-Honoré : « Les moines louèrent leur réfectoire pour deux cents francs et pour deux cents francs le mobilier, tables, chaises. Plus tard le local ne suffisant pas, le Club se fit prêter la bibliothèque et enfin l'église. Les tombeaux des anciens moines, l'école ensevelie de Saint-Thomas, les confrères de Jacques Clément se trouvèrent ainsi les muets témoins et les confidents des intrigues révolutionnaires. »

C'est de là que la Société « des Amis de la Constitution » prit son

---

1. Bertrand Barère de Vieuzac, né à Tarbes le 10 septembre 1755, député des Hautes-Pyrénées à la Convention, habile et souple, brillant et disert, vécut à l'écart sous l'Empire et mourut en 1841.

nom de Club des Jacobins. L'assemblée comprend un président, deux vice-présidents, quatre secrétaires, douze inspecteurs, quatre censeurs, huit introducteurs, un trésorier et un archiviste, tous nommés par élection trimestrielle. Le Club se compose d'abord

LE CLUB DES JACOBINS

exclusivement de députés; il s'adjoint ensuite des personnages instruits comme Laharpe, M. J. Chénier, David, Talma. Mais à l'origine, il n'y a ni peuple, ni pauvres parmi les Jacobins, justement parce que les Jacobins contribuent pour aider les pauvres.

Des sociétés semblables s'étant formées en province, le Club des Jacobins se les affilie et devient ainsi leur métropole, la maison-mère qui leur donne à toutes le mot d'ordre.

« Ainsi, dit Edgar Quinet, les idées de la Révolution se répandirent d'échos en échos par des milliers de bouches. Ces principes, qui seraient restés lettre morte dans les livres, éclairèrent subitement une nuit de mille ans. Aucune puissance ne pouvait lutter avec ces sociétés. La pensée sortie du Club des Jacobins circulait en quelques jours à travers toute la France et revenait à Paris éclater dans la Législative et la Convention comme un plébiscite irrévocable. Là fut le caractère peut-être le plus nouveau de la Révolution. C'est ce qui projeta ses idées avec la rapidité de l'éclair. Les provinces si mornes, il y avait à peine deux ans, furent illuminées du feu qui éclatait à Paris. Il suffit de mettre fin à ce rayonnement électrique des clubs, pour que tout changeât en quelques mois. »

Les Jacobins ne font pas seulement du prosélytisme révolutionnaire, ils forment aussi « une organisation vaste et forte de surveillance inquiète sur l'autorité, sur ses agents, sur les prêtres et sur les nobles. Les Jacobins ne sont pas la Révolution, mais l'œil de la Révolution, l'œil pour surveiller, la voix pour accuser, le bras pour frapper. Les Jacobins, par leur esprit de corps qui alla toujours croissant, par leur foi ardente et sèche, par leur âpre curiosité inquisitoriale, avaient quelque chose du prêtre. Ils formèrent en quelque sorte un clergé révolutionnaire. » (Michelet.)

Louis Blanc porte sur eux le même jugement :

« Le véritable Jacobin fut quelque chose de puissant, d'original et de sombre qui tenait le milieu entre l'agitateur et l'homme d'État, entre le protestant et le moine, entre l'inquisiteur et le tribun. »

Le chef incontesté du Club fut Robespierre.

Joseph-**Maximilien** de Robespierre, né à Arras le 6 mai 1758, perdit jeune sa mère. Orphelin à dix ans, Robespierre se trouva chef de famille, directeur de son frère et de ses deux sœurs. Il obtint une bourse au collège Louis-le-Grand et y fit ses études avec Fréron et Camille Desmoulins. Il fut clerc de procureur avec Brissot. Avocat dans sa ville natale, Robespierre s'y fit remarquer et Arras l'envoya aux États-Généraux (1789.) Il emprunta dix louis pour son voyage et partit avec six chemises, six cols, six mouchoirs de poche « dont la plus grande partie en bon état. » Robespierre à sa mort n'était guère plus fortuné. A la Constituante, Robespierre manifesta en toute occasion sa haine de la monarchie, et rêva dès ce moment la République. Il reçut le surnom d'*incorruptible* : à la clôture de l'assemblée, le peuple le couronna de feuilles de chêne et le porta en triomphe. Il fut merveilleusement assidu aux Jacobins « toujours sur la brèche, dit Michelet, parlant sur tout et toujours. Auprès des assemblées comme auprès des femmes, l'assiduité sera toujours le premier mérite. Beaucoup se lassèrent, s'ennuyèrent, désertèrent le Club. Robespierre ennuyait parfois, mais ne s'ennuyait jamais. Les anciens partirent, Robespierre resta ; d'autres vinrent en grand nombre, et ils trouvèrent Robespierre. Il n'avait point l'audace politique, le sentiment de la force qui fait qu'on prend autorité. Il n'avait pas davantage le haut essor spéculatif; il lui manquait enfin la connaissance variée des hommes et des choses; il connaissait peu l'histoire, peu le monde européen. En revanche, il eut entre tous la volonté persévérante, un travail consciencieux, admirable, qui ne se démentit jamais. » A la Convention, il contribue à décider la mort du roi et la chute des Girondins. Il entre au Comité de Salut public le 27 juillet 1793, et en sort juste un an après, le 27 juillet

1794 (9 thermidor an II). Ce jour là, Robespierre, attaqué par Cambon, puis par Barère et Tallien, s'épuise en vain à leur répondre. Le
dantoniste Thuriot, qui préside, augmente le tumulte du bruit de sa
sonnette. Robespierre, brisé de fatigue, ne peut se faire entendre ;
il crie à Thuriot : « Pour la dernière fois, président d'assassins, je
te demande la parole ! » Garnier de l'Aube lui jette ce mot : « C'est

FERMETURE DU CLUB DES JACOBINS

le sang de Danton qui t'étouffe ! » et Robespierre : « Ah ! c'est
Danton que vous voulez venger ? Pourquoi ne le défendiez vous pas,
lâches ! » Le lendemain Robespierre et son frère, Saint-Just et
Couthon montèrent sur l'échafaud, tous, graves et fiers. Robespierre
avait eu le matin la mâchoire brisée d'un coup de pistolet. Un
misérable valet de guillotine arracha brutalement le bandeau qui

soutenait son menton : « Il poussa un rugissement. On le vit un moment pâle, hideux, la bouche ouverte toute grande et ses dents brisées qui tombaient. Puis, il y eut un coup sourd. Ce grand homme n'était plus.

« Peu de jours après Thermidor, un homme qui avait alors dix ans, fut mené par ses parents au théâtre, et, à la sortie, admira cette longue file de voitures brillantes qui pour la première fois frappaient ses yeux. Des gens en veste, chapeau bas, disaient aux spectateurs sortants : « Faut-il une voiture, *mon maître !* » L'enfant ne comprit pas trop ces termes nouveaux. Il se les fit expliquer et on lui dit seulement qu'il y avait eu un grand changement par la mort de Robespierre. » (Michelet.)

Le Club des Jacobins ne survécut pas à Robespierre. Il fut fermé en novembre 1794. La propagande républicaine, qu'ils faisaient dans toute la France, cessa : Bonaparte peut venir ; le despotisme impérial ne rencontrera pas d'obstacles.

CHAPITRE XI

CLUB DES CORDELIERS.

Le Club des Jacobins était une assemblée de discoureurs, de docteurs politiques, de casuistes parlementaires, étudiant les questions, jugeant les hommes, propageant les idées, parlant, mais agissant peu.

« Les Jacobins étaient et ont presque toujours été, même dans le mouvement le plus violent de la Révolution, une société d'équilibre. L'audace et la grande initiative fut aux Cordeliers[1].

« Leur génie, tout à fait instinctif et spontané, tantôt inspiré, tantôt *possédé*, les sépare profondément de l'enthousiasme calculé, du sombre et froid fanatisme qui caractérise les Jacobins.

« Les Cordeliers, à l'époque où nous sommes, étaient une société bien plus populaire. Chez eux n'existait pas la division des Jacobins entre l'assemblée des hommes politiques et la société fraternelle où venaient les ouvriers. Les Cordeliers étaient un club de Paris; les Ja-

---

1. Ainsi appelés parce qu'ils s'installèrent dans la chapelle du couvent des Cordeliers, rue de l'École-de-Médecine, en face de la rue Hautefeuille.

cobins une immense association qui s'étendait sur la France. Mais Paris vibrait, remuait aux fureurs des Cordeliers. Paris une fois en branle, les révolutionnaires politiques étaient bien obligés de suivre. Ce fut l'originalité des Cordeliers d'être, de rester toujours mêlés au peuple, de parler les portes ouvertes, de communiquer sans cesse avec la foule. Ils crurent au peuple, eurent foi à l'instinct du peuple. Ils mirent au service de cette foi, pour se la justifier à eux-mêmes, beaucoup d'esprit, beaucoup de cœur. Rien de plus touchant, par exemple, que de voir, aux carrefours de l'Odéon et de la Comédie française, ce charmant esprit, Desmoulins, se mêlant aux maçons, aux charpentiers qui philosophaient le soir, causer avec eux de théologie, et ravi de leur esprit, s'écrier : « Ce sont des Athéniens! ».

« Cette foi au peuple fit que les Cordeliers furent tout-puissants sur le peuple. Ils eurent les trois forces révolutionnaires, et comme les trois traits de la foudre : la parole vibrante et tonnante, la plume acérée, l'inextinguible fureur, — Danton, Desmoulins, Marat. » (Michelet.)

Danton fut le Jupiter olympien des Cordeliers, comme Robespierre fut le coryphée des Jacobins.

Georges Danton, né le 28 octobre 1759 à Arcis-sur-Aube, avocat en 1789, songea dès le premier jour de la Révolution à fonder la République. Homme de combat, lutteur capable de toutes les audaces, terrible et généreux, il démolit la royauté quand d'autres ne songent qu'à s'en défendre. C'est lui qui organise les grandes journées révolutionnaires, et qui en est le héros. Si le peuple hésite, il monte sur une borne, dans un carrefour, le harangue, l'entraîne, tour à tour virulent et jovial, sublime et familier. Sans lui le dix août eût avorté. Aux heures de péril national, quand tous tremblent, la puissante voix

1760 — C. DESMOULINS — 1794

de l'athlète effrayant, jamais effrayé, s'élève et met au cœur des plus lâches la confiance, l'enthousiasme, le patriotique délire. La Convention victorieuse, Danton veut qu'on s'arrête et qu'à la terreur on substitue la clémence. Alors Saint-Just et Robespierre décident sa perte.

DANTON HARANGUANT LA FOULE A LA PORTE DES CORDELIERS

Danton averti refuse de fuir, disant : « Est-ce qu'on emporte la patrie à la semelle de ses souliers? » Lui et Camille sont arrêtés le 31 mars 1794, à six heures du matin. Enfermés au Luxembourg, ils y trouvent leur ami Hérault de Séchelles, si peu triste de son sort qu'il jouait au bouchon.

Devant le tribunal révolutionnaire,

« Votre nom, votre âge, votre demeure ? dit-on aux accusés :

— Je suis Danton, j'ai trente-cinq ans. Ma demeure sera demain le néant ; mon nom restera au panthéon de l'histoire.

— Et moi, Camille Desmoulins, trente-trois ans, l'âge du sans-culotte Jésus. »

Condamné à mort avec ses amis, Danton s'écria :

« J'entraîne Robespierre ; Robespierre me suit ! »

Sur la guillotine, il dit au bourreau :

« Tu montreras ma tête au peuple ; elle en vaut la peine. »

« Trois choses, dit Michelet, restent aux Dantonistes :

« Ils ont renversé le trône et créé la République ; ils ont voulu la sauver en organisant la seule chose qui fait vivre : la justice, une justice efficace, parce qu'elle eût été humaine ; ils n'ont haï personne, et entre eux ils s'aimèrent jusqu'à la mort ; la belle inscription grecque est la leur : Inséparables dans la guerre et dans l'amitié. »

Tel fut Danton, le premier président, l'âme des Cordeliers.

Parmi les membres du club citons encore *Marat*, « l'honnête boucher *Legendre* (1756-1797), une des originalités de la Révolution, homme de cœur entre tous, malgré ses paroles furieuses, bon homme dans ses moment lucides, » *Hébert* (1757-1794), rédacteur du Père Duchesne ; *Fabre d'Églantine* ; *Chaumette* (1763-1794), journaliste, puis procureur de la Commune ; *Momoro*, l'imprimeur patriote, l'Espagnol *Gusman*, grand d'Espagne qui se fit sans-culotte ; « le spirituel et cynique allemand *Anacharsis Cloots*, philosophe nomade, qui mangeait ses 150 000 livres de rentes sur les grands chemins de l'Europe et qui s'arrêta, se fixa ici, ne put s'en détacher que par la mort. »

Ce fut le Club des Cordeliers qui trouva et répandit la belle devise

Républicaine : Liberté, Égalité, Fraternité, qui, proscrite avec la République, a reparu en même temps qu'elle.

Michelet, avec l'incomparable éclat de sa puissante imagination, a fait revivre une séance des Cordeliers :

« Le bruit est à rendre sourd ; en revanche on n'y voit guère ; ces fumeuses petites lumières semblent là pour faire voir la nuit. Quel brouillard sur cette foule ! L'air est dense de voix et de cris.

« Le premier coup d'œil est bizarre, inattendu. Rien de plus mêlé que cette foule, hommes bien mis, ouvriers, étudiants, des prêtres même, des moines. Les gens de lettres abondent.

« Mais qu'est-ce qui préside là-bas ? Ma foi, l'épouvante elle-même : Terrible figure que ce Danton ! Voyez, il a tordu sa bouche ; toutes les vitres ont frémi.

« La parole est à Marat ! »

« Quoi ! C'est là Marat ? cette chose jaune, verte d'habits, ces yeux gris jaune, si saillants. C'est au genre batracien qu'elle appartient à coup sûr, plutôt qu'à l'espèce humaine. De quel marais nous arrive cette choquante créature ? Ses yeux pourtant sont plutôt doux. Leur brillant, leur transparence, l'étrange façon dont ils errent, regardant sans regarder, feraient croire qu'il y a là un visionnaire, à la fois charlatan et dupe, s'attribuant la seconde vue, un prophète de carrefour, vaniteux, surtout crédule, croyant tout, croyant surtout ses propres mensonges, toutes les fictions involontaires auxquelles le porte sans cesse l'esprit d'exagération. Marat commençait à être une idole pour le peuple, un fétiche. Dans la foule des délations, des prédictions sinistres dont il remplissait ses feuilles, plusieurs avait rencontré juste et lui donnaient le renom de voyant et de prophète.

« Marat parle et demande 20 000 têtes. Desmoulins lui répond :

7

« Sans égard à l'enthousiasme délirant de Legendre qui, les yeux, l'oreille, la bouche démesurément ouverts, humait, admirait, croyait, le hardi petit homme apostropha familièrement le prophète : « Tou-

JEAN-PAUL MARAT

jours tragique, ami Marat, hypertragique, tragicotatos! Nous pourrions te reprocher comme les Grecs à Eschyle d'être un peu trop ambitieux de ce surnom. Mais non, tu as une excuse; ta vie errante aux catacombes, comme celle des premiers chrétiens, allume ton imagination. Là, dis-nous bien sérieusement, ces dix-neuf mille quatre

cents têtes que tu ajoutes par forme d'amplification aux six cents
autres de l'autre jour, sont elles vraiment indispensables? N'en rabat-
tras-tu pas d'une? J'aurais cru que trois ou quatre têtes à panache,
roulant aux pieds de la Liberté, suffiraient au dénouement. »

« Les Maratistes rugissaient. Mais un bruit se fait à la porte qui
les empêche de répondre, un murmure flatteur, agréable. Une
jeune dame entre et veut parler. Comment! ce n'est pas moins que
Mme Théroigne, la belle amazone de Liège. Voilà bien sa redingote
de soie rouge, son grand sabre du 5 octobre. L'enthousiasme est
au comble : « C'est la reine de Saba, s'écrie Desmoulins, qui vient
visiter le Salomon des districts. »

« Déjà elle a traversé toute l'assemblée d'un pas léger de panthère, elle est montée à la tribune. Sa jolie tête inspirée, jetant des
éclairs, apparaît entre les sombres figures apocalyptiques de Danton
et de Marat. »

« Après Théroigne parle Anacharsis Cloots, qui prêche la fraternité universelle, la fédération des peuples. Cloots était athée.

« Mais avec tout son cynisme et son ostentation de doute,
l'homme du Rhin, le compatriote de Beethoven vibrait puissamment à toutes les émotions de la religion nouvelle. Son accent, sa
lenteur allemande, la sérénité souriante, la béatitude d'un fol de
génie qui se moque un peu de lui-même, mêlait l'amusement à
l'enthousiasme :

— « Et pourquoi donc, dit Cloots, la nature aurait-elle placé
Paris à distance égale du pôle et de l'équateur, sinon pour être le
berceau, le chef-lieu de la confédération générale des hommes? Ici
s'assembleront les États-Généraux du monde. Cela n'est pas si loin
qu'on croit, j'ose le prédire. Alors, il n'y aura plus ni provinces, ni

armées, ni vaincus, ni vainqueurs. On ira de Paris à Pékin comme de Bordeaux à Strasbourg ; l'Océan, ponté de navires, unira ses rivages. L'Orient et l'Occident s'embrasseront au champ de la Fédération. Rome fut la métropole du monde par la guerre, Paris le sera par la paix. Oui, plus je réfléchis, plus je conçois la possibilité d'une nation unique, la facilité qu'aura l'Assemblée universelle, séant à Paris, pour mener le char du genre humain. »

— « Vivat Anacharsis ! s'écria Desmoulins. Ouvrons avec lui les cataractes du ciel. Ce n'est rien que la raison ait noyé le despotisme en France ; il faut qu'elle inonde le globe, que tous les trônes des rois et des lamas, arrachés de leurs fondements, nagent dans ce déluge. Cloots vient de me transporter par les cheveux, comme l'ange fit au prophète Habacuc, sur les hauteurs de la politique. Je recule la barrière de la Révolution jusqu'aux extrémités du monde. »

« Telle est l'originalité des Cordeliers. Voltaire parmi des fanatiques ! Car c'est un vrai fils de Voltaire que cet amusant Desmoulins. On est tout surpris de le voir dans ce pandémonium. Bon sens, raison, vives saillies, dans cette bizarre assemblée, où l'on dirait qu'ensemble siègent nos prophètes des Cévennes, les illuminés du Long-Parlement, les quakers à la tête branlante. »

Hébert et Danton morts, le club périt. La solitude et le silence remplirent l'enceinte où tonna si souvent la voix du grand tribun.

CHAPITRE XII

LA COMMUNE

Les clubs délibèrent et ordonnent : la *Commune* exécute.

Avant 1789, la municipalité parisienne comptait un prévôt des mar-

J. S. BAILLY

chands, quatre échevins, trente-six conseillers héréditaires ou nommés par le roi. C'était une petite aristocratie bourgeoise fermée à toute idée de révolution.

Le 13 juillet 1789, les électeurs, qui ont choisi les députés aux États-Généraux, se réunissent à l'Hôtel de ville et s'emparent du pouvoir ; après la prise de la Bastille, ils nomment Bailly maire de Paris et Lafayette commandant de la garde nationale qu'ils viennent de créer.

La Constituante réorganise la *Commune* (27 juin 1790).

Elle divise Paris en quarante-huit *sections* au lieu de soixante districts; les sections se composent des *électeurs;* ils nomment directement les juges de paix, les commissaires de police d'une part, de l'autre le maire de Paris, le procureur de la *Commune* et ses deux substituts. Outre ces derniers magistrats, la *Commune* comprend seize administrateurs et trente-deux conseillers municipaux, qui, réunis à quatre-vingt-seize notables, forment le Conseil général. Le maire touche un traitement annuel de 72 000 francs, le procureur de 15 000 francs, le substitut de 6 000.

En 1791, Bailly démissionne; Petion le remplace. Manuel est élu procureur avec Danton pour substitut. Après la journée du 20 juin 1792, Petion et Manuel, suspendus par le roi, sont rétablis par l'Assemblée législative.

La veille du 10 août, les sections renouvellent la *Commune* et nomment chacune trois commissaires avec pouvoir illimité pour sauver la patrie; au nomb des reélus se trouvent Hébert, Billaud-Varenne, M.-J. Chénier, Fabre-d'Églantine, Robespierre. Ces délégués gardent le maire Petion, le procureur Manuel, le substitut Danton et forment la *Commune insurrectionelle* du 10 août, qui donne à Santerre le commandement de la garde nationale et renverse la royauté. La *Commune* choisit alors un comité de surveillance, où entre Marat, et qui joue un rôle odieux dans les massacres de Septembre. Attaquée pour ce fait par les Girondins, la *Commune* s'appuie sur la Montagne et l'aide puissamment à combattre ses adversaires.

Dans les journées du 31 mai et du 2 juin 1793, la *Commune* qui a Pache pour maire, Chaumette pour procureur, Hébert pour substitut, se déclare en insurrection, entoure les Tuileries de 100 000 bayonnettes et réclame, au nom du peuple, la proscription des Girondins. L'assemblée, sur les injonctions de Marat, vote l'arrestation de vingt-neuf députés et de deux ministres.

La *Commune*, qui est le bras droit de la Montagne, la suit dans sa chute. Elle soutient Robespierre au 9 thermidor; après la défaite, cent de ses membres montent sur l'échafaud.

Les réacteurs divisent Paris en douze arrondissements et donnent à chacun son maire et sa municipalité. La *Commune* perd l'unité qui faisait sa force et disparaît de la scène politique.

Les fonctions de la *Commune* étaient considérables : elle gérait les finances de la ville, approvisionnait Paris, surveillait les hôpitaux, administrait l'assistance publique, dirigeait la police et disposait de la garde nationale.

CHAPITRE XIII

COMITÉ DE SALUT PUBLIC

Le célèbre Comité de Salut public fut décrété par la Convention, sur la proposition de Barère et le rapport d'Isnard, le 6 avril 1793. Il compta d'abord neuf membres : Barère, Bréard, Delmas, Cambon, Robert Lindet, Danton, Treilhard, Lacroix, Guyton de Morveau.

Il devait être renouvelé de mois en mois. Il réduisit les ministres au rôle de simples commis et finit par les supprimer tout à fait.

En septembre 1793, le Comité, porté à douze membres, compta définitivement : Barère, Billaud-Varenne, Collot-d'Herbois, Couthon, Saint-Just, Robespierre, Carnot, Robert Lindet, Prieur de la Côte-d'Or, Prieur de la Marne, Jeanbon-Saint-André, et jusqu'au 5 avril 1794, Hérault de Séchelles. Après sa mort, il ne fut pas remplacé.

Prieur de la Marne, Jeanbon-Saint-André étaient presque toujours en mission.

Prieur de la Marne, né à Châlons en 1760, avocat, député aux États-Généraux et à la Convention, représentant du peuple aux armées du Nord, de la Moselle, du Rhin et de l'Ouest, républicain indépen-

LE GRAND COMITÉ DE SALUT PUBLIC
10 juillet 1793 — 27 juillet 1794.

MAXIMILIEN DE ROBESPIERRE,
n. à Arras, 1758, décapité le 28 juillet 1794.
Élu le 27 juillet 1793, en remplacement
de Gasparin, démissionnaire pour cause
de maladie.

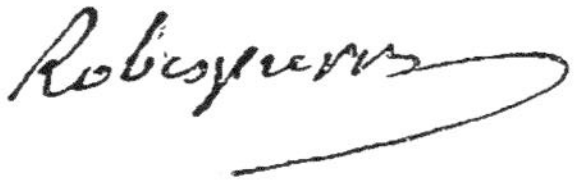

CLAUDE-ANTOINE PRIEUR-DUVERNOIS,
n. à Auxonne, 1763, m. 1832,
Élu le 14 août 1793.

LAZARE CARNOT,
n. à Nolay (Côte d'Or), 1753, m. 1823.
Élu le 14 août 1793.

JACQUES-NICOLAS BILLAUD-VARENNE,
n. à La Rochelle, 1756, m. 1819.
Élu le 6 septembre 1793.

JEAN-MARIE COLLOT-D'HERBOIS,
n. à Paris, 1750, m. 1796.
Élu le 6 septembre 1793.

FRANÇOIS-OMER GRANET,
n. à Marseille, 1755, m. 1821.
Élu le 6 septembre 1793.

Un premier Comité de salut public, composé de vingt-cinq membres, avait été établi par la Convention le 25 mars 1793. Le 5 avril suivant il fut réorganisé et réduit à neuf membres. Enfin, le 10 juillet, sur la proposition de Camille Desmoulins, on procéda à une nouvelle élection du Comité de salut public, qui compta les neuf membres suivants : Jean Bon Saint-André, Barère, Gasparin, Couthon, Thuriot, Saint-Just, Prieur de la Marne, Hérault de Séchelles et Robert Lindet. C'est ce Comité qui gouverna la France jusqu'au 9 Thermidor. Il subit quelques modifications. Gasparin donna sa démission pour cause de maladie le 27 juillet 1793, et fut remplacé par Robespierre. Le 24 août suivant on adjoignit au Comité Prieur-Duvernois et Carnot. Enfin, le 6 septembre, on augmenta encore le Comité de quatre membres : Billaud-Varenne, Collot-d'Herbois, Granet et Danton. Danton refusa et ne siégea pas. Jusqu'au 9 thermidor il n'y eut aucun autre changement que la démission de Thuriot, donnée le 20 septembre 1793.

LE GRAND COMITÉ DE SALUT PUBLIC

10 juillet 1793 -- 27 juillet 1794.

dant sous l'Empire, exilé par la Restauration, comme régicide, mourut à Bruxelles en 1827.

Jeanbon-Saint-André, né en 1749 à Montauban, pasteur calviniste, député du Lot à la Convention, envoyé en mission à Brest, organisa par des prodiges d'activité une flotte qui livra bataille aux Anglais et sauva un convoi en sacrifiant le *Vengeur*. Rallié à Bonaparte, Jeanbon-Saint-André devint baron de l'Empire, préfet de Mayence et mourut en 1813.

Louis Blanc trace le portrait suivant de Billaud-Varenne et de Collot-d'Herbois : « L'un, âme froide et morose, esprit organisateur, concentré, implacable; l'autre, au contraire, nature exubérante, impressionnable à l'excès, mais capable de toutes les fureurs que peut produire une sensibilité malsaine à l'état d'ivresse. Unis à Barère dans le Comité de Salut public, Billaud-Varenne et Collot-d'Herbois y formèrent ce qu'on appela le parti des *gens révolutionnaires*, par opposition à celui des *gens d'examen*, nom sous lequel on désigna Prieur, Carnot, Lindet, et à celui des *gens de la haute main*, Robespierre, Couthon et Saint-Just. »

Les membres du Grand Comité délibéraient d'abord en commun; mais l'immensité du travail les força de se partager les rôles et de s'attribuer à chacun son ministère.

« Prieur, Robert Lindet, Carnot, dit Thiers, s'occupaient silencieusement de l'administration et de la guerre. Barère faisait la plupart des rapports, particulièrement ceux qui étaient relatifs aux opérations des armées, et en général tous ceux qu'il fallait improviser. Le déclamateur Collot-d'Herbois était dépêché dans les clubs et les réunions populaires, pour y porter les paroles du Comité. Couthon, quoique paralytique, allait aussi partout, parlait à la Convention, aux

Jacobins, au peuple, et avait l'art d'intéresser par ses infirmités, et par le ton paternel qu'il prenait en disant les choses les plus violentes. Billaud, moins mobile, s'occupait de la correspondance, et traitait quelquefois les questions de politique générale. Saint-Just, jeune, audacieux et actif, allait et venait des champs de bataille au Comité; quand il avait imprimé la terreur et l'énergie aux armées, il revenait faire des rapports meurtriers contre les partis qu'il fallait envoyer à la mort. Robespierre enfin, leur chef à tous, consulté sur toutes les matières, ne prenait la parole que dans les grandes occasions. Il traitait les hautes questions morales et politiques; on lui réservait ces beaux sujets, comme plus dignes de son talent et de sa vertu. »

Carnot (Lazare-Nicolas-Marguerite), né à Nolay (Côte-d'Or) en 1753, lieutenant du génie à vingt ans, député du Pas-de-Calais à la Législative et à la Convention, envoyé aux armées, battit les Autrichiens à Wattignies et revint à Paris dresser les plans de campagne, correspondre avec les généraux, « *organiser la victoire.* » La campagne qu'il dirigea pendant dix-sept mois eut les résultats suivants : 27 victoires, 120 combats, 80000 ennemis tués, 91000 prisonniers, 116 places fortes emportées, 230 redoutes enlevées; 3800 bouches à feu, 70000 fusils, 1900 milliers de poudre, 90 drapeaux pris à l'ennemi. Ces chiffres sont plus éloquents que tous les éloges. Proscrit par les réacteurs, il revint après le 18 brumaire; membre du Tribunat, il vota seul contre la proclamation de l'Empire; il disait en parlant de Bonaparte :

« Si ce citoyen a restauré la liberté publique, sera-ce une récompense à lui offrir que le sacrifice de cette même liberté? Depuis le 18 brumaire, il s'est trouvé une époque, unique peut-être dans les annales du monde, pour méditer à l'abri des orages, pour fonder la liberté sur des bases solides, avouées par l'expérience et la raison. Bonaparte a pu choisir entre le système républicain et le système

VUE DE MAGDEBOURG OÙ MOURUT CARNOT

monarchique. Le dépôt de la liberté lui était confié ; il avait juré de le défendre. En tenant sa promesse, il eût rempli l'attente de la nation ; il se fût couvert d'une gloire incomparable. »

Carnot rentra dès lors dans la vie privée. Les désastres de 1813 l'en firent sortir. Il écrivit à Napoléon :

« Sire, aussi longtemps que le succès a couronné vos entreprises, je me suis abstenu d'offrir à Votre Majesté des services que je ne croyais pas lui être agréables ; aujourd'hui, Sire, que la mauvaise fortune met votre constance à une grande épreuve, je ne balance plus à vous faire l'offre du peu de moyens qui me restent. C'est peu de chose sans doute que l'effort d'un bras sexagénaire : mais j'ai pensé que l'exemple d'un ancien soldat dont les sentiments patriotiques sont connus pourrait, en ce moment de stupeur et d'inertie, rallier à vos aigles beaucoup de gens incertains sur le parti qu'ils doivent prendre, et qui peuvent se laisser persuader que c'est servir leur pays de les abandonner. Il est encore temps pour vous, Sire, de conquérir une paix glorieuse et de faire que l'amour du grand peuple vous soit rendu [1]. »

Napoléon lui confia la défense d'Anvers ; Carnot sauva la ville qui ne fut rendue qu'à la paix générale. Proscrit par les Bourbons, Carnot se retira en Pologne, à Varsovie. Cet austère républicain, ce patriote désintéressé mourut à Magdebourg, le 2 août 1823 ; il avait soixante-dix ans.

Tels étaient les hommes qui composaient le Comité de Salut public.

On ne sait ce qu'on doit plus admirer en eux, ou leur patriotisme, ou leur extraordinaire puissance de travail. Ils expédiaient jusqu'à 500 affaires par jour. Pour suffire à ce labeur gigantesque, ils convinrent de se prêter mutuellement leurs signatures ; chaque membre travaillait de son côté, apportait ses actes tout prêts, et ses collègues signaient de confiance, sans lire ; ils accomplirent de la sorte une œuvre colossale avec une prodigieuse rapidité.

---

1. Nous donnons cette magnifique lettre d'après le véritable texte publié sur l'original par M. Etienne Charavay (*Inventaire des autographes et des documents historiques réunis par M. Benjamin Fillon*, n 739).

Quant au patriotisme, c'était alors la vertu de tous ; mais le Comité de Salut public la posséda au suprême degré; ses actes en font foi, comme ses paroles. Qu'on en juge par ce décret proposé à la Convention, et voté par elle le 23 août 1793.

« Dès ce moment, jusqu'à celui où les ennemis auront été chassés du territoire, tous les Français sont en réquisition permanente pour le service des armées.

« Les jeunes gens iront au combat; les hommes mariés forgeront des armes et transporteront des subsistances, les femmes feront des tentes, des habits, et serviront dans les hôpitaux ; les enfants mettront les vieux linges en charpie; les vieillards se feront porter sur les places publiques pour exciter le courage des guerriers, prêcher la haine des rois et l'unité de la République.

« Les maisons nationales seront converties en casernes, les places publiques en ateliers d'armes ; le sol des caves sera lessivé pour fournir le salpêtre.

« Les armes de calibre seront exclusivement confiées à ceux qui marcheront à l'ennemi ; le service de l'intérieur se fera avec les fusils de chasse et l'arme blanche.

« Les chevaux de selle seront requis pour compléter les corps de cavalerie; les chevaux de trait, autres que ceux employés à l'agri-culture, conduiront l'artillerie et les vivres.

« La levée sera générale; les citoyens non mariés ou veufs sans enfants, de dix-huit à vingt-cinq ans, marcheront les premiers. Ils se rendront sans délai au chef-lieu de leur district, où ils s'exerceront tous les jours au maniement des armes en attendant l'ordre du départ.

« Le bataillon, qui sera organisé dans chaque district, sera réuni sous une bannière portant cette inscription : Le peuple français debout contre les tyrans. »

Le patriotisme a été le mobile du Comité de salut public, non l'ambition. Des ambitieux vulgaires n'eussent jamais brigué un pareil poste : aucun luxe, aucun honneur, aucun appareil n'entoure les membres du grand Comité ; ils ne commandent pas en personne les armées ; ils ne touchent qu'un traitement médiocre ; ils ne gèrent pas de finances ; on leur offrit un fonds pour les dépenses secrètes, ils répondirent : « Le Comité de salut public n'a personne à corrompre ni à tromper. Il combat les ennemis de la patrie et de la liberté à la lumière du soleil ; il ignore les dépenses secrètes. » Ainsi aucun avantage, et tous les ennuis du pouvoir, le poids écrasant des affaires, voilà leur lot. Peu d'employés ; ils font tout eux-mêmes ; ils mangent à leur bureau, un repas maigre, au coin de la table ; pas de sommeil ; le Comité délibère souvent toute la nuit et le matin il va rendre compte à la Convention de l'état de la République.

Une telle énergie, une telle activité est unique dans l'histoire.

« Ainsi, dit Louis Blanc, un club infatigable, celui des Jacobins, animant Paris de son souffle ; — Paris, divisé en comices populaires, sous le nom de sections, exprimant sa pensée ; — la Commune, centre des sections, portant à l'assemblée nationale l'expression de la pensée de Paris ; — l'assemblée formulant cette pensée en loi ; — le Comité de salut public lui donnant la vie partout : dans l'administration, par le choix des agents ; dans les armées, par les représentants en mission, tel se présentait le mécanisme révolutionnaire. »

XIV

LE COMITÉ DE SALUT PUBLIC

Indomptable ouvrier d'une tâche nocturne,
Le Comité géant que l'Epouvante élut,
Forge en son atelier terrible et taciturne
     Les foudres de notre salut.

Dans ces durs maniments de la flamme et du bronze,
Aucun d'eux ne sentit ses bras républicains
Faiblir et succomber à l'œuvre... Ils étaient onze
     Qui furent de rudes Vulcains.

Jamais ils n'ont fléchi; tout était à leur taille.
Le labeur surhumain ou l'épique danger;
Des tables du conseil aux durs champs de bataille
     Ils passaient sans croire changer.

Et ces onze lutteurs, autocrates sincères,
Quand ils avaient tenu les tyrans mêmes sous
Leurs talons et broyé l'Europe dans leurs serres.
     Allaient dîner à vingt-neuf sous.

EMMANUEL DES ESSARTS.

EGALITE LIBERTE
UNITE
REPUBLIQUE FRANCAISE
21 Septem 1792

DEUXIÈME PARTIE

ŒUVRE CIVILE

DEUXIÈME PARTIE

ŒUVRE CIVILE

CHAPITRE Ier

PARIS EN 1793

Nous venons de voir comment fonctionne le gouvernement. Nous donnerions une idée incomplète de la grande époque révolutionnaire si nous ne disions un mot du peuple. Dans son livre de *Quatre-vingt-treize*, notre illustre poète, Victor Hugo, a tracé avec un éclat incomparable le tableau de Paris en ce temps-là. Je cite en partie ces pages si puissamment colorées :

« On vivait en public ; on mangeait sur des tables dressées devant les portes ; les femmes assises sur les perrons des églises faisaient de la charpie en chantant la *Marseillaise ;* le parc Monceaux et le Luxembourg étaient des champs de manœuvre ; il y avait dans tous les carrefours des armureries en plein travail ; on fabriquait des fusils sous les yeux des passants qui battaient des mains. — Les Allemands étaient aux portes ; le bruit courait que le roi de Prusse avait fait retenir des loges à l'Opéra. Tout était effrayant et personne n'était effrayé. Paris semblait plein d'un déménagement. Les marchands de bric-à-brac étaient encombrés de couronnes, de mitres, de sceptres en bois doré et de fleurs de lys, défroques des maisons royales. Aux Porcherons, des hommes affublés de surplis et d'étoles, montés sur des ânes caparaçonnés de chasubles, se faisaient verser le vin du cabaret dans les ciboires des cathédrales. Rue Saint-Jacques, des paveurs pieds nus arrêtaient la brouette d'un colporteur qui offrait des chaussures à vendre, se cotisaient et achetaient quinze paires de souliers qu'ils envoyaient à la Convention pour nos soldats. Peu de grandes boutiques étaient ouvertes; des merceries et des bimbeloteries roulantes circulaient traînées par des femmes, éclairées par des chandelles, les suifs fondant sur les marchandises; des boutiques en plein vent étaient tenues par des ex-religieuses en perruque blonde;

CARTE DE LA RÉVOLUTION

telle ravaudeuse, raccommodant des bas dans une échoppe, était une comtesse; telle couturière était une marquise; Madame de Boufflers habitait un grenier d'où elle voyait son hôtel. Les chanteurs ambulants pullulaient. On faisait des rondes de carmagnole; on ne disait pas *le cavalier et la dame*, on disait « le citoyen et la citoyenne ». On dansait dans les cloîtres en ruines, avec des lampions sur l'autel, à la voûte deux bâtons en croix portant quatre chandelles, et des tombes sous la danse. On portait des vestes bleu de tyran. On avait des

1747 — DUBOIS-CRANCÉ — 1814

épingles de chemises « au bonnet de la Liberté », faites de pierres blanches, bleues et rouges. On jouait aux cartes sur la borne des carrefours; les jeux de cartes étaient, eux aussi, en pleine révolution: les rois étaient remplacés par les génies, les dames par les libertés, les valets par les égalités, et les as par les lois. Partout des journaux. Des garçons perruquiers crêpaient en public des perruques de femmes, pendant que le patron lisait à haute voix le *Moniteur;* d'autres commentaient au milieu des groupes, avec force gestes, le journal *Entendons-nous,* de Dubois-Crancé, ou la *Trompette du père Belle-rose.* Quelquefois les barbiers étaient en même temps charcutiers, et l'on voyait des jambons et des andouilles pendre à côté d'une poupée coiffée de cheveux d'or. Le pain manquait, le charbon manquait, le savon manquait. Une affiche de la Commune assignait à chaque bouche une livre de viande par décade. On faisait queue aux portes des marchands; une de ces queues est restée légendaire, elle allait de la porte d'un épicier de la rue du Petit-Carreau jusqu'au milieu de la rue Montorgueil. Faire queue, cela s'appelait « tenir la ficelle » à cause d'une longue corde que prenaient dans leur main, l'un derrière l'autre, ceux qui étaient à la file. Les femmes dans cette misère étaient vaillantes et douces. Elles passaient les nuits à attendre leur tour d'entrer chez le boulanger. Très peu de vols. Un dénûment farouche, une probité stoïque. Les va-nu-pieds et les meurt-de-faim passaient, les yeux gravement baissés, devant les devantures des bijoutiers du Palais-Égalité. Dans une visite domiciliaire que fit la section Antoine chez Beaumarchais, une femme cueillit dans le jardin une fleur; le peuple la souffleta. Le bois coûtait quatre cents francs, argent, la corde; on voyait dans les rues des gens scier leur bois de lit. Le louis d'or valait trois mille neuf cent cinquante francs. Une course en fiacre coûtait six cents francs. Après une journée de fiacre, on entendait ce dialogue : — Cocher, combien vous dois-je ? — Six mille livres. Une marchande d'herbe vendait pour vingt mille francs par jour. Un mendiant disait : *Par charité, secourez-moi ! Il me manque deux cent trente livres pour payer mes souliers.* Aucune défaillance dans ce peuple. La sombre joie d'en avoir fini avec les trônes. Les volontaires affluaient offrant leurs poitrines. Chaque rue donnait un bataillon. Les drapeaux des districts allaient et venaient, chacun avec sa devise. Sur le drapeau du district des Capucins on lisait : *Nul ne nous fera la barbe.* Sur un autre : *Plus de noblesse que dans le cœur.* Sur tous les murs, des affiches grandes, petites, blanches, jaunes, vertes, rouges, imprimées, manuscrites, où on lisait ce cri : *Vive la République !* Les petits enfants bégayaient : « *Ça ira !* »

CHAPITRE II

LES BIENS NATIONAUX

ET LES ASSIGNATS

Les finances avaient été le souci rongeur des rois. Le luxe de la cour, le goût très coûteux des belles constructions, les pensions, les fêtes, les guerres, les prodigalités de toutes sortes grevaient lourdement l'État. De plus l'impôt pesait uniquement sur le peuple.

Le désordre des finances était à son comble en 1789.

Dans son discours d'ouverture aux États-Généraux (5 mai 1789), Necker accuse 475 294 000 livres de recettes annuelles, et 531 444 000 livres de dépenses. L'excès des dépenses sur les recettes se chiffre donc à 56 150 000 livres par an.

En outre, la dette constituée s'élève à 167 737 810 livres de rentes annuelles au capital de 2 422 087 391 livres. La dette flottante monte à 2 milliards 800 millions.

Comment combler cet effroyable déficit? On ne peut charger le peuple de nouveaux impôts. Il est réduit à la dernière misère. Pas de pain, pas de travail. Les mendiants s'accumulent dans les villes. Que faire?

« Il ne faut pas que le peuple meure. Il a une ressource , après tout, un patrimoine en réserve auquel il ne touche pas. C'est pour lui, pour le nourrir que nos charitables aïeux s'épuisèrent en fondations pieuses, dotèrent du meilleur de leurs biens les dispensateurs de la charité, les ecclésiastiques. Ceux-ci ont si bien gardé, augmenté le bien des pauvres, qu'il a fini par comprendre le cinquième des terres du royaume, estimé quatre milliards.

« Le peuple, ce pauvre si riche, vient aujourd'hui frapper à la porte de l'Église, sa propre maison, demander part dans un bien qui lui appartient tout entier. Il serait dur de laisser ce propriétaire, ce fils de la maison, cet héritier légitime, mourir de faim sur le seuil.

« Si vous êtes chrétiens, donnez : les pauvres sont les membres du Christ; si vous êtes citoyens, donnez : le peuple, c'est la patrie vivante; si vous êtes honnêtes gens, rendez : car ce bien n'est qu'un dépôt.

« Rendez, et la nation va vous donner davantage. Il ne s'agit pas de vous jeter dans l'abîme pour le combler. On ne demande pas que, nouveaux martyrs, vous vous immoliez pour le peuple. Il s'agit tout au contraire de venir à votre secours et de vous sauver vousmêmes.

« Pour comprendre ceci, il faut savoir que le corps du clergé, monstrueux de richesse par rapport à la nation, était aussi un monstre en soi d'injustice, d'inégalité. Ce corps énorme à la tête, crevant de graisse et de sang, était, dans ses membres inférieurs, maigre, sec et famélique. Ici le prêtre avait un million de rentes et là deux cents francs.

« Dans le projet de l'Assemblée, tout cela était retourné. Les curés et vicaires de campagne devaient recevoir de l'État environ soixante millions, les évêques trois seulement. Le moindre curé devait avoir (sans compter les logements, presbytères, jardins) au moins douze cents livres par an. Tout le clergé (moins quelques centaines d'hommes) eût passé de la misère à l'aisance de sorte que ce que l'on appela la spoliation du clergé, en était l'enrichissement. » (Michelet.)

Le 2 novembre 1789, l'Assemblée constituante, sur la proposition de Mirabeau et de l'évêque d'Autun Talleyrand, décrète que les biens du clergé seront mis à la disposition de l'État.

A ces biens nationaux, la Convention en joignit d'autres. Sur le rapport de Cambon, elle décida que les biens des émigrés seraient confisqués au profit de la nation (1er février 1793). Le ministre Roland les évaluait à 3 milliards.

Mais il ne suffit pas d'avoir d'immenses domaines territoriaux. Il faut s'en défaire. Comment ? Les offrir tous ensemble, c'est les discréditer. Il faut vendre pourtant. La municipalité parisienne proposa par la voix de Bailly un excellent projet.

C'était de transmettre les biens nationaux aux municipalités qui les achèteraient en masse pour les revendre ensuite peu à peu, de manière que la vente n'eût pas lieu tout à la fois. Les municipalités n'ayant pas de fonds pour payer sur l'heure, prendraient des engagements et l'on paierait les créanciers de l'État avec ces bons ou *assignats* sur les communes, qui les acquitteraient successivement. Tout possesseur d'assignats peut les échanger contre une partie des biens mis en vente. Mais s'il ne veut pas convertir en terres les *bons* qu'il a reçus de l'État, ces bons ne sont entre ses mains que de simples titres non acquittés. Alors on décréta que les assignats circuleraient comme aujourd'hui nos billets de banque et deviendraient une véritable monnaie. Le créancier, qui ne veut pas échanger ses bons contre un lot de terre, les donne en paiement et se trouve par là remboursé. Cette mesure était excellente. Le numéraire manquait. Le désir de suppléer aux espèces métalliques fit donner aux assignats le cours forcé de la monnaie.

« Le créancier était payé par là, puisqu'il pouvait faire accepter le papier qu'il avait reçu et suffire ainsi à tous ses engagements. S'il n'avait pas voulu acheter des terres, ceux qui avaient reçu de lui le papier circulant devaient finir par les acheter eux-mêmes. Les assignats qui rentraient par cette voie étaient destinés à être brûlés; ainsi les terres du clergé devaient bientôt se trouver distribuées et le papier supprimé. » (Thiers.)

Le paysan se hâta d'acquérir les biens nationaux.

« Partout des ventes et des achats; on achetait volontiers; on donnait l'assignat plus vite qu'on eût donné l'argent. Partout des mariages (ils furent innombrables, du moins dans les premières années de la Révolution) et la nation faisait la dot. Elle donnait les biens nationaux souvent pour le produit de la première année; une maison, on la payait rien qu'avec le plomb des gouttières; un bois on le payait avec la première coupe. Il tombait ce vieux bois, et la clairière, ensemencée sur l'heure, allait donner le blé à la couvée joyeuse, née de la terre et du soleil de la Révolution. » (Michelet.)

La Constituante émit d'abord pour 400 millions de francs d'assignats; elle en émit plus tard pour 800 millions.

La Convention eut recours à cette mesure. Mais les prodi-

1749 — MIRABEAU — 1791

gieuses dépenses nécessitées par une guerre universelle, quatorze armées à entretenir, à nourrir, habiller, armer, exigèrent une émission toujours croissante d'assignats. Alors leur valeur nominale dépassa la valeur réelle des biens qu'ils représentaient. Si les possesseurs d'assignats avaient tous demandé à recevoir des biens nationaux en échange de leurs bons, ils n'auraient pu en recevoir qu'une minime partie. Le papier-mon-

MODÈLE D'ASSIGNAT

naie n'était donc plus garanti par les terres. D'où le discrédit. Outre cela, l'Angleterre jette en France une foule énorme de faux assignats. Ces causes diverses produisent la dépréciation du papier-monnaie.

Quand la Convention se sépara, il y avait en circulation pour 20 milliards d'assignats.

L'assignat n'en sauva pas moins la Révolution. Il permit de soutenir la guerre et de vaincre l'Europe.

D'autre part, les biens nationaux répandaient partout le bien-être. La propriété morcelée passe en mille mains. Plus de ces immenses domaines détenus par un seul. Autrefois le petit nombre possédait tout et le grand nombre ne possédait rien. Aujourd'hui tous ont quelque chose. En 1793, il n'est guère de paysan qui n'ait un coin de terre, un bout de champ, une maisonnette.

Or, le sol est d'autant mieux cultivé qu'il est divisé davantage. Quand on ne possède qu'un petit domaine on en tire tout ce qu'il peut donner. De là une production plus grande ; de là un accroissement de richesse pour l'individu et pour l'État.

Ce morcellement des terres est un des faits capitaux de notre histoire. La chute de la petite propriété causa la décadence et la ruine irrémédiable de la République romaine. L'avènement de la petite propriété eut pour résultat la merveilleuse prospérité économique de la France moderne.

Si notre pays est riche, s'il est florissant entre tous, s'il peut payer sans peine des impôts écrasants, c'est à la Révolution qu'il doit cette puissante vitalité.

CHAPITRE III

LE GRAND LIVRE

DE LA DETTE PUBLIQUE

On appelle *dette publique* les sommes que doit l'État, par suite des emprunts qu'il a contractés.

Les emprunts *à terme* sont ceux qu'on rembourse à époques fixes, en totalité ou en partie. Les créances exigibles à terme ou à la volonté du créancier, forment la *dette flottante.*

Sous l'ancien régime, les emprunts étaient remboursables en totalité ou en partie à époque fixe; l'État payait l'intérêt de la somme empruntée et de plus, si le créancier l'exigeait, rendait le capital. Mais il arrive sans cesse que l'État se trouve aux prises avec d'immenses difficultés. Qu'une guerre éclate, par exemple : il faut des fonds pour la soutenir. C'est le moment où l'État concentre toutes ses ressources; mais c'est aussi le moment où le créancier, craignant pour les sommes qu'il a prêtées, les réclame à son débiteur. De là, embarras terribles du gouvernement. Il a besoin d'argent, et on vient lui en demander. Il recourt à des emprunts onéreux ; il se grève, il se ruine.

Telle est l'histoire de l'ancien régime ; pour rembourser les uns il demandait aux autres ; toujours endetté il empruntait de toute main, à tout prix, sous toutes les formes, à tous les taux :

« La diversité des titres est telle, disait Cambon, que c'est une science de les connaître et de pouvoir les classer. »

Si l'État avait toutes les peines du monde à solder ses créanciers, ceux-ci suaient sang et eau pour toucher leur dû :

« Une même nature de rente, un même emprunt est partagé pour le paiement en vingt ou trente payeurs, et si l'on a besoin d'un renseignement il faut s'adresser aux quarante payeurs. Il résulte de cet ordre qu'un créancier de 2 000 livres de rente est forcé quelquefois de s'adresser aux quarante payeurs, il est obligé pour lors de se procurer quarante fois les pièces nécessaires pour recevoir son paiement ; il éprouve souvent des difficultés contradictoires ; enfin ce mode ne sert qu'à cacher toutes les fortunes, à discréditer les contrats nationaux et à multiplier les pièces de comptabilité à un point qu'il est impossible de rendre et juger un compte après huit ou dix années. » (Rapport de Cambon.)

C'était l'anarchie.

« Un homme seul, Cambon[1], eut courage dans cette situation. Président du comité des finances, et son invariable directeur, il s'y établit, s'empara du chaos, en débrouilla les éléments dans la lutte la plus obstinée, et en tira l'ordre nouveau. Intrépide maçon, prenant de toutes parts des ruines et des débris, il en a bâti le *Grand-Livre*. »

Le Grand livre de la dette publique (décrété par la Convention, le 24 août 1793, sur le rapport de Cambon) fut une création de génie.

---

1. L'ŒUVRE DE CAMBON, par M. J. Gorges, sous-directeur de la dette inscrite (Charavay frères, éditeurs).

1754 — JOSEPH CAMBON — 1820

Cambon réunit en une dette *unique* et *perpétuelle* toutes les dettes antérieures sans distinction d'origine. Dorénavant l'État ne s'oblige plus à rembourser le capital emprunté : la seule chose à laquelle il s'engage, c'est de payer exactement à époques fixes l'intérêt convenu. Ainsi l'État, qui tout à l'heure était obligé de rembourser 100 francs de capital, n'est plus tenu qu'à payer 5 francs d'intérêt. Il est vrai qu'il payera cet intérêt à perpétuité; mais il lui est plus facile de donner 5 francs chaque année que 100 francs une fois pour toutes. Ajoutons qu'en 1793 il ne s'agissait pas d'une somme médiocre : la dette inscrite au *Grand-Livre* atteignit environ 200 000 000 francs de rentes. Que serait devenue la Révolution, s'il eût fallu payer le capital!

Ne quittons pas ce sujet sans dire un mot du grand financier, du grand patriote Cambon. Il était né à Montpellier le 17 juin 1754. Le département de l'Hérault l'envoya d'abord à la Législative, puis à la Convention.

« Si l'on est curieux de connaître quelle fut la forte et rude tête où se passa toute la révolution des chiffres, où le *Doit* et *Avoir* se livrèrent tant de guerres, il faut voir le portrait de David.

« Le redoutable personnage, en qui fut l'âme de Colbert sous les formes de la Terreur, ne paraît nullement, comme Colbert dans ses portraits, sombre, affaissé et triste. Tout à l'envers du ministre de Louis XIV qui disait en mourant : « on ne peut plus aller », le visage de Cambon semb'e porter écrit un vigoureux entrain, un invincible *Ça ira.*

« Trente et quelques années, fortement coloré, amer, pur et sauvage, tel est l'homme. L'air avisé, mais franc, est d'un rude marchand de province, de forte race de paysan. La tradition sévère du Languedoc, dont les États enseignèrent à la France la comptabilité, semble visible ici. On sent parfaitement que les fournisseurs de la République devaient être mal à l'aise sous un pareil regard, et sentir devant un tel homme que leur tête tenait faiblement.

« La force, la vie chaude de la France nouvelle est dans ce teint puissamment animé ; et en même temps il est d'une transparence, d'une pureté, on peut dire, redoutables : on sent trop que celui-là ne pardonnera guère qui n'a rien à se pardonner.

« Cet homme fut rapace, avide, avare, il faut l'avouer, mais pour la République. J'ai dans les mains le compte exact de sa fortune avant et après la Révolution, son budget vénérable. Dans cet acte, fait par lui en sortant des affaires, il constate qu'il y est entré avec 6000 francs de rente, et qu'il en sort avec 3000. Rentré chez lui, près Montpellier, il administra ses finances aussi sévèrement qu'il avait fait pour celles de la France. Par une économie très stricte et très serrée, sans autre moyen qu'une petite ferme dont il faisait vendre le lait, il parvint en vingt ans à refaire les 6000 francs de rente qu'il tenait de son père. Ce qui surprit le plus, c'est qu'en 1815, exilé à Bruxelles avec tant d'autres conventionnels, Cambon mit en commun son petit revenu, nourrit tel et tel de ses compagnons d'infortune ; on sut alors que cet homme économe entre tous n'en était pas moins magnanime. » (Michelet.)

Joseph Cambon mourut à Bruxelles le 15 février 1820.

CHAPITRE IV

LE CODE CIVIL

Avant 1789, on distinguait, en France, le *droit écrit*, emprunté à
l'ancienne Rome, et le *droit coutumier*, formé par l'usage,
les relations, les coutumes, et variant d'une province à l'autre. Nulle unité judiciaire : on pouvait être condamné à Orléans pour un motif qui vous ferait absoudre à Rennes.

Dès 1791, il fut décidé qu'il y aurait un code civil uniforme
pour toute la France : le 22 août 1793, Cambacérès lut
à la Convention un savant tra-

CAMBACÉRÈS

vail à ce sujet. L'assemblée consacra soixante séances à discuter et
voter les articles du Code.

Napoléon s'empara de ces matériaux mis en ordre :

« Comparez, dit E. Quinet, le Code civil de 1793 et celui de 1803 : vous verrez que toutes les grandes formules ont passé presque littéralement du Code de la Convention dans le Code de l'an XII. La substance de la loi est la même. Et pouvait-il en être autrement, quand c'étaient les jurisconsultes de la Convention, Cambacérès, Treilhard, Berlier, Merlin de Douai, Thibaudeau qui reproduisaient leur œuvre sous le masque du premier consul? Mais, chose incroyable, l'ordre avait été donné d'oublier. Il fut exécuté par ceux-là mêmes qui y perdaient leur meilleur titre d'honneur. Relisez les discours des conseillers d'État, des tribuns, qui, pour le premier consul, exposent les bases du Code civil. Jamais ou presque jamais ils ne rappellent le premier Code de 1793, dont ils empruntent la substance et l'âme. Qui aurait osé, en 1803, invoquer l'autorité, le témoignage, la science, la sagesse du législateur de 1793? On aima mieux effacer une nation pour ne laisser subsister qu'un homme. »

C'est donc bien la Convention qui dota la France du Code civil.

CHAPITRE V

ASSISTANCE PUBLIQUE

SOURDS-MUETS, JEUNES AVEUGLES, HOPITAUX

L'abbé de l'Épée avait fondé, grâce aux ressources de la charité privée, un établissement d'instruction pour les sourds-muets. La Convention voulut « rattacher à l'État cette utile et touchante institution » et contracter, comme disait le rapporteur Maignet, « une alliance inconnue jusqu'alors, l'alliance avec l'infortune ». Elle décréta les 12 et 14 mai 1793 la création d'un enseignement supérieur pour les sourds-muets.

La Convention organisa aussi l'Institut des jeunes aveugles fondé par Haüy en 1784. Par une loi du 28 juillet 1795, elle créa quatre-vingt-six bourses, une par département, pour cette école qui put en outre recevoir des élèves payants.

Les hôpitaux avant 1789 étaient dans une affreuse situation ; l'Hôtel-Dieu surtout présentait un horrible tableau de la misère humaine ; salles infectes, morts confondus avec les vivants, trois ou quatre malades placés dans le même lit, les opérations se faisant

dans le même lieu « qui contient et ceux qu'on opère, et ceux qui
sont opérés, et ceux qui doivent l'être », rien ne manquait pour
transformer cet établissement de guérison en un charnier atroce
et meurtrier.

INSTITUT DES JEUNES AVEUGLES

La Convention mit un terme à ces maux. Elle interdit de placer
plus d'un malade par lit (15 septembre 1793), agrandit les hôpitaux,
en créa d'autres, et nomma une commission de seize membres pour
les surveiller (24 août 1794).

CHAPITRE VI

INSTRUCTION PUBLIQUE

L'enseignement comprend trois degrés principaux : enseignement primaire, secondaire, supérieur.

« De ces trois espèces d'enseignements, un seul sous l'ancien régime avait attiré l'attention de l'État, et c'était précisément celui où son intervention était le moins indispensable. L'instruction donnée dans les collèges, si incomplète qu'elle fût, était relativement dans une situation assez florissante. En revanche, l'instruction primaire était négligée ou abandonnée au clergé, l'enseignement supérieur présentait d'immenses lacunes, et rien n'y correspondait à l'enseignement actuel des facultés des lettres et des sciences, non plus qu'à l'enseignement spécial de la plupart des grandes écoles, que devait instituer la Révolution.

« De toutes les assemblées révolutionnaires, seule la Convention nationale a eu le mérite et de poser nettement les principes et d'organiser l'enseignement public. C'est une gloire que les deux assemblées précédentes lui ont laissée tout entière.

« L'Assemblée constituante avait à peine accordé un coup d'œil à l'instruction. Au moment où elle allait se dissoudre, le 11 septembre 1791, elle avait renvoyé à l'examen de la prochaine législature le projet présenté par Talleyrand[1].

« L'Assemblée législative avait négligé ce devoir et n'avait guère donné plus d'attention au projet présenté par Condorcet, le 21 avril 1792 et qui ne fut vraiment étudié que pendant la période conventionnelle.

« Ainsi, la discussion des plans généraux d'éducation appartient uniquement à la Convention, tout aussi bien que les fondations particulières. Si les deux premières assemblées n'ont rien fait pour l'éducation, ce n'est pas assurément qu'elles fussent plus occupées, et surtout plus pressées par les événements : seulement elles avaient de moins que la Convention l'intrépide confiance qui, au milieu des plus tragiques épreuves, semble compter sur l'éternité; un écrivain royaliste l'a constaté : « L'histoire dit-il, n'a pas enregistré sans une » sorte d'étonnement mêlé de frayeur l'activité dévorante de la » Convention. — Or, parmi les douze comités qui la composaient, » le Comité de salut public seul peut être comparé pour sa terrible » ardeur à celui de l'instruction publique. »

« Le rapprochement est juste : c'est que la cause de l'instruction était pour la Révolution une affaire de salut public : de ces deux comités, le premier travaillait pour le présent, le second pour l'avenir. » (Eugène Despois. *Le Vandalisme révolutionnaire.*)

---

1. Maurice de Talleyrand-Périgord, prince de Bénévent, né à Paris le 13 février 1754, député du diocèse d'Autun aux états généraux, proposa d'aliéner les biens ecclésiastiques, célébra comme évêque la messe au Champ de Mars lors de la fête de la Fédération, se démit de son évêché et fut excommunié par le pape. Il se tint hors de France de 92 à 95, collabora au 18 brumaire, et rendit de grands services diplomatiques à Napoléon, qui le fit prince de Bénévent, archi-chancelier, grand chambellan. Il contribua au retour des Bourbons; Louis XVIII l'envoya au congrès de Vienne. Talleyrand mourut à Paris le 17 mai 1838.

10

CHAPITRE VII

NÉCESSITÉ DE L'INSTRUCTION PRIMAIRE

La Convention avait proclamé le suffrage universel. Mais il ne faut pas que les électeurs votent au hasard, il faut que leurs choix soient éclairés. Un gouvernement qui donne les droits politiques à tous les citoyens s'impose par là même l'obligation de les instruire. L'instruction primaire obligatoire est la conséquence forcée du suffrage universel.

Aussi la Convention montra « le plus vif empressement pour organiser l'instruction publique, cette première dette de l'État envers tous les citoyens. » (Lanthenas, *Rapport sur l'organisation des écoles primaires*, 8 décembre 1792.)

Le même jour, Ducos, député de la Gironde, prononçait à la tribune ces magnifiques paroles :

« Le premier but de l'enseignement public n'est-il pas de prémunir les citoyens peu éclairés contre les prestiges grossiers du charlatanisme oratoire, en leur donnant des notions simples et justes des principaux objets vers lesquels se portent et les intérêts et les passions de leur vie, en appropriant à leur esprit des méthodes

sûres et faciles, pour discerner un sophisme bruyant d'un raisonne-
ment modeste et un conseil utile d'une basse flagornerie ?

« Citoyens, le peuple sera vraiment libre quand il jugera ses orateurs avec indépendance; donnez-lui des lumières, et ceux qui se
déclarent aujourd'hui ses patrons et ses tuteurs, songeront à le
servir et non plus à le diriger. Les usurpations de la tribune et
de la chaire cesseront, quand au lieu d'hommes qui croient, les
parleurs rencontreront partout des hommes qui raisonnent.

« Les rois, les nobles et les prêtres sont les enfants de l'erreur.
Le retour des préjugés, voilà la véritable contre-révolution. Hâtez-
vous de prévenir leur influence en donnant au peuple des écoles
primaires. L'estimeriez-vous assez peu pour ne lui laisser goûter que
les avantages matériels d'une révolution plus sublime encore par
les vérités qu'elle a proclamées que par les oppressions qu'elle a
détruites ?

« L'homme qui dépend d'une autre raison que la sienne n'est
libre qu'à demi ; et ce reste de liberté appartient encore au premier
imposteur qui sait s'emparer de ses préjugés ou de ses passions. »

A ces raisons générales que l'orateur développe avec un éclat,
une force et une éloquence admirables, il joint des considérations
particulières, tirées de l'état moral de la République :

« Le temps des Révolutions, dit-il, il faut proclamer hautement
cette vérité, n'est pas celui de la liberté véritable ; trop souvent elle
emprunte les armes du despotisme pour le renverser, et ne règne
par ses douceurs qu'après s'être établie par la violence ; quelquefois
même, elle est contrainte de couvrir d'un voile sanglant la statue de
la justice et celle de l'humanité. Le salut du peuple l'ordonne.
Mais cette contradiction apparente entre les principes de la liberté

1765 — J.-FR. DUCOS — 1793

et la marche révolutionnaire, cet esprit d'inquiétude, de sévérité, de vexation même, indispensable dans l'état de guerre entre des oppresseurs et des opprimés, n'est-il point propre à faire naître des idées fausses, à développer des sentiments nuisibles dans une République? »

C'est donc à l'instruction publique qu'il appartient de rectifier ces notions erronées ; c'est l'instruction publique qui apprendra aux générations nouvelles à chérir la Révolution et la Liberté.

CHAPITRE VIII

PREMIÈRE DISCUSSION PUBLIQUE

SUR L'ENSEIGNEMENT PRIMAIRE

(12 décembre 1792)

Le plan de Condorcet sur l'instruction publique servit de base aux travaux de la Convention. Elle réalisa en grande partie les idées de ce philosophe; en partie elle les abandonna.

Condorcet rêvait pour le corps enseignant une entière indépendance; il voulait le constituer en une véritable république, se gouvernant elle-même par des chefs élus et annuels.

En ce qui concerne les écoles primaires, les instituteurs devaient être nommés par les pères de famille.

Autre point : Condorcet insiste pour que tout l'enseignement, primaire, secondaire et supérieur, soit gratuit. Une note de Gilbert Romme, annexée au rapport de Condorcet, évalue les dépenses probables de l'État à 15 millions pour l'enseignement primaire, à 25 millions pour le total.

Sous l'ancien régime, les sommes allouées à l'instruction publique ne dépassaient guère 4 millions.

La première discussion publique qui se soit ouverte en France sur l'instruction primaire, eut lieu à la Convention le 12 décembre 1792.

Lanthenas, au nom du comité d'instruction publique, présenta le rapport. Il déclara que le comité, allant au plus pressé, ne s'occupait pour l'instant que de l'enseignement primaire.

Un point du rapport de Lanthenas mérite d'être noté :

Le député Girondin demanda que les punitions corporelles, d'un si fréquent usage avant la Révolution dans les classes, fussent sévèrement interdites.

« Les châtiments d'esclaves qui ont déshonoré nos anciennes écoles disparaîtront. On obtiendra tout de la jeunesse en intéressant son cœur ; et sa fierté naturelle, si intéressante à conserver intacte pour la liberté, lui restera sans flétrissure. »

Sur la proposition de Marie-Joseph Chénier l'assemblée vota le premier article de la loi. Voici en quels termes fut décrété le premier acte législatif ayant trait à l'enseignement du peuple :

« Les écoles primaires formeront le premier degré d'instruction. On y enseignera les connaissances rigoureusement nécessaires à tous les citoyens. Les personnes chargées de l'enseignement dans ces écoles s'appelleront *instituteurs*. » (12 décembre 1792.)

J'ai déjà cité le discours de Ducos. J'emprunte à ce même discours un passage plein de chaleur et d'émotion, où le conventionnel décrit le rôle de l'instituteur :

« S'il est une fonction que son utilité rende sacrée aux yeux des amis de la liberté, c'est celle des instituteurs des écoles primaires, appelés par la confiance du peuple à ouvrir les premières routes de la sagesse et du bonheur, à créer en quelque sorte une nouvelle existence à la génération naissante, douce et glorieuse espérance de la République. Les professeurs formeront des savants et des artistes. L'instituteur du peuple travaillera à former des hommes; il sera le précepteur du pauvre, et ce dernier caractère doit le rendre plus respectable à vos yeux. Si je considère la difficulté de l'enseignement, je trouve qu'il faut, non des connaissances plus vastes, mais une tête mieux faite pour enseigner à de jeunes enfants les premiers éléments des sciences et des arts, pour approprier à de débiles esprits des méthodes simples et exactes de juger des choses et des hommes, que pour suivre avec des esprits déjà préparés à l'étude, déjà marchant par leurs propres mouvements, agissant de leurs propres forces, des théories plus élevées, mais que le concours des hommes éclairés de l'Europe a rendues si claires et si sûres. Jean-Jacques[1] l'a dit, il faut être plus qu'un homme pour former des hommes. »

Ducos demande ensuite un salaire honorable pour les instituteurs :

« Ceux qui voudraient marchander les vertus et les talents des maîtres de morale et d'art social que la nation vous demande, ceux

---

1. Jean-Jacques Rousseau, né à Genève le 28 juin 1712, mort à Ermenonville le 2 juillet 1778, tour à tour clerc d'un greffier, apprenti graveur, laquais, séminariste, professeur de musique, l'un des plus grands écrivains du xviiie siècle, publia entre autres ouvrages célèbres le *Contrat Social*, où l'auteur établit avec une logique puissante et passionnée, avec une véhémence tribunitienne, les bases du gouvernement républicain. Ce livre qui fut une révélation remua prodigieusement les esprits. Si la Révolution française marcha droite et ferme, c'est qu'elle avait son code et son guide dans l'immortel *Contrat social*. Rousseau qui prédit la Révolution et y inclina la France, fut l'inspirateur des hommes de 1793. Robespierre en était imbu et l'appelait son maître. Les orateurs le citaient à la tribune comme une autorité. Quinze ans après sa mort son nom était dans toutes les bouches. La Convention, pour honorer la mémoire de ce grand homme, fit transporter en 1794 ses restes au Panthéon.

qui payant 130 millions aux prêtres pour enseigner au peuple des erreurs, regrettent d'en consacrer 15 pour lui enseigner des vérités,

ceux-là doivent économiser à la nation la dépense des écoles primaires; ils auront à meilleur marché les frères de charité, vulgairement dits *ignoran-tins*. » (18 décembre 1792.)

Le traitement des instituteurs alla de 1200 à 1500 francs, le traitement des institutrices de 1000 à 1200 francs selon les localités; et, sur la proposition de Cambon, les presbytères furent affectés à leur logement (25 brumaire an II. 16 novembre 1793).

Les luttes politiques qui agitèrent la Convention suspendirent pour un temps les travaux sur l'enseignement primaire.

En juin 1793, les discussions reprirent et le montagnard Lakanal présenta le projet du Comité d'instruction publique. Aucun homme ne fit plus pour

STATUE DE LAKANAL
Érigée à Foix en 1882.

l'enseignement primaire que Lakanal. Comme l'a dit énergiquement Antoine Calvet, élève de l'École normale supérieure, « Lakanal porta le principal effort de sa sollicitude sur l'éducation de cette foule dont il s'était promis de faire un peuple[1]. »

Après six mois de délibérations, la loi sur l'enseignement primaire fut votée le 29 frimaire an II (19 décembre 1793).

Le premier article est ainsi conçu :

« L'enseignement est libre. Les citoyens et les citoyennes, qui voudront user de la liberté d'enseigner, seront tenus :

« 1° De déclarer à la Municipalité qu'ils sont dans l'intention d'ouvrir une école.

« 2° De désigner l'espèce de science ou d'art qu'ils se proposent d'enseigner.

« 3° De produire un certificat de civisme et de bonnes mœurs.

« Les instituteurs et les institutrices sont sous la surveillance immédiate de la municipalité. » .

Lakanal, dans son projet, se préoccupait beaucoup des fêtes publiques. Il proposait entre autres des fêtes pour les campagnes et parmi ces fêtes relatives à l'agriculture, il y en avait une dont le titre provoqua des rires : « Fête des animaux compagnons de l'homme ». Lakanal entendait par là ces concours d'animaux domestiques, ces comices agricoles où l'on distribue aujourd'hui des prix aux éleveurs. Comme certains membres répétaient en ricanant : « Qu'est-ce que cette fête des animaux? » Lakanal, agacé, leur cria : « Mes amis, c'est la vôtre ! »

––––––––––

1. Discours prononcé à l'inauguration de la statue de Lakanal (Foix, septembre 1882).

CHAPITRE IX

L'ENSEIGNEMENT SERA LAÏQUE

Rapporter en détail les discussions que souleva l'enseignement primaire, nous mènerait trop loin. Je vais m'en tenir seulement aux résultats obtenus.

La Convention entendait que l'enseignement fut laïque.

Condorcet demanda que l'instruction religieuse se fît dans les temples de chaque culte et non dans l'école. De cette manière l'État restera neutre.

« Les parents, dit Condorcet, quelle que soit leur opinion sur la nécessité de telle religion, pourront sans répugnance envoyer leurs enfants dans les établissement nationaux, et la puissance publique n'aura point usurpé sur les droits de la conscience, sous prétexte de l'éclairer et de la conduire. »

Dans le projet de loi qu'il présenta, Lanthenas disait :

« L'enseignement devant être commun à tous les citoyens sans distinction de culte, tout ce qui concerne les cultes religieux ne sera enseigné que dans les temples. Les ministres d'un culte quelconque ne pourront être admis aux fonctions de l'enseignement public qu'en renonçant à toutes les fonctions de leur ministère. »

Le même jour (18 décembre 1792) Ducos s'écriait à la tribune :

« Un orateur a paru affligé de voir les prêtres exclus du plan d'enseignement public proposé par le Comité. Je ne ferai point à la Convention nationale l'injure de justifier cette séparation entre l'enseignement de la morale, qui est la même pour tous les hommes, et celui des religions qui varient au gré des pieuses fantaisies et de l'imagination. Cet opinant, sans doute, n'aurait admis que des enfants catholiques dans des écoles ouvertes à tous les membres de la société. Car y introduire les prêtres de cette secte, c'est en exclure les citoyens de toutes les autres ; c'est donner à la puissance publique le droit usurpé par les confesseurs, celui de diriger, de tyranniser, d'exploiter exclusivement les consciences. Peut-être aussi n'a-t-on vu dans cette admission des prêtres, comme tels, aux emplois d'instituteurs, qu'une opération de finances et une grande vue d'économie. La nation, a-t-on pu dire, leur paie annuellement la moitié du produit de ses contributions; ne pourrait-on pas leur faire gagner une si forte pension, en leur confiant des fonctions importantes? Pour moi, je l'avoue, j'aimerais mieux leur abandonner les finances de la République que l'éducation des jeunes citoyens ; j'aimerais mieux ruiner le trésor public que de pervertir et corrompre l'esprit public. C'est par raison, non par économie, que je suis peu disposé en faveur des prêtres et je me rappelle encore, à leur sujet, l'histoire de ce joueur de flûte ancien, dont parle Plutarque, qu'on payait simple pour jouer, et double pour se taire, car il jouait faux.

« La première condition de l'instruction publique est de n'enseigner que des vérités : voilà l'arrêt d'exclusion des prêtres ! » (Applaudissements) (Mardi 18 décembre 1792).

CHAPITRE X

L'ENSEIGNEMENT PRIMAIRE

SERA GRATUIT ET OBLIGATOIRE

La Convention comprit que l'enseignement primaire doit être obligatoire. En effet nombre de pères négligents ou coupables n'envoient pas à l'école leurs enfants et ces malheureux sont victimes toute leur vie d'une ignorance qu'il ne leur a pas été permis de secouer. L'enfant étant incapable de défendre lui-même ses intérêts, c'est à l'état qu'il appartient de les sauvegarder en déclarant l'enseignement primaire obligatoire.

La Déclaration des droits de l'homme disait :

« L'instruction est le besoin de tous. La société doit favoriser de tout son pouvoir les progrès de la raison publique et mettre l'instruction à la portée de tous les citoyens. » (Article XXII.)

« Tous les enfants nés dans la République, disait Ducos, quel que soit l'état de fortune de leurs pères, doivent être assujétis à suivre pendant un certain temps les écoles primaires. »

Et Danton :

« Nul n'est le maître de ne pas donner l'instruction à ses enfants. »

L'assemblée édicta des peines sévères contre les parents qui violeraient la loi :

« Les pères, mères, tuteurs et curateurs, qui auront négligé de faire inscrire leurs enfants ou pupilles, seront punis pour la première fois d'une amende égale au quart de leurs contributions et pour la seconde fois suspendus de leurs droits de citoyen pendant dix ans. » (29 frimaire an II, 19 décembre 1793.)

Plusieurs députés allant plus loin, et rêvant non seulement l'instruction, mais encore l'éducation obligatoire, demandaient que les enfants fussent élevés en commun, nourris et habillés aux frais de l'État. C'était un internat forcé. Lepeletier de Saint-Fargeau[1] développa cette théorie dans un ouvrage inachevé que Robespierre lut à la tribune après la mort de l'auteur.

Lepeletier observait « que le citoyen pauvre ne pouvant pas nourrir les enfants qu'il envoyait aux écoles, il convenait que la République se chargeât à la fois de les nourrir et de les instruire. »

Grégoire s'opposa de toutes ses forces à l'éducation commune, à l'internat, au régime de couvent, pour employer le mot du montagnard Duhem :

« Le système d'enlever les enfants à leur famille pour les concentrer *à demeure* dans des maisons communes est contraire au bonheur et à la moralité des parents et des enfants.

« Entrez au village, dans une maison sans enfants. C'est une es-

---

1. Michel Lepeletier de Saint-Fargeau, né à Paris le 29 mai 1760, envoyé par la noblesse de Paris aux États-généraux, député de l'Yonne à la Convention, vota la mort du roi et fut assassiné pour ce motif au Palais-Royal, par le garde du corps Pâris (20 janvier 1793). La Convention assista en corps à ses funérailles. Sa mort fut pour David le sujet d'un superbe tableau qui orna la salle de la Convention jusqu'au 9 ther-, midor. Il fut racheté plus tard par la fille de Lepeletier.

pèce de désert. N'avez vous pas observé que les enfants sont un lien d'amitié habituelle entre un mari et une épouse ; que l'existence de ces enfants, en multipliant les rapports entre les auteurs de leurs jours, prévient ou étouffe souvent les divisions ; que la crainte de scandaliser, et la nécessité de maintenir le respect filial empêchent souvent les parents de se livrer à des excès ? Vainement me direz-vous que la proximité de la maison nationale leur permettra de les voir fréquemment ; ces déplacements sont aussi contraires à l'intérêt de leurs travaux qu'à celui de leur cœur. C'est dans les campagnes surtout que le père éprouve le besoin de reposer ses regards sur ses enfants.

« Aimer, c'est pour l'enfant une nécessité : son amour s'épanche sur ceux avec lesquels il a des relations constantes. Laissons à ces jeunes enfants l'exercice journalier de la piété filiale. Convenez avec moi que nos sentiments les plus moraux, nos affections les plus douces, nos plaisirs les plus exquis, c'est-à-dire les plus purs, résultent de ces années, où, dans le sein de nos familles, avec nos parents, nos frères, nos sœurs, nous avons vu couler le printemps de nos jours. Ces souvenirs ont un charme qui se répand sur toute la carrière de la vie et malheur à celui qui, dans sa vieillesse, ne sent pas son cœur palpiter en se rappelant d'avoir vécu sous le toit paternel. »

La Convention rejeta le projet d'éducation commune.

Mais, comme elle décrétait l'instruction obligatoire, par une conséquence nécessaire, elle décréta l'instruction gratuite. Car si vous exigez d'un pauvre qu'il envoie ses enfants à l'école il est bien entendu que vous ne réclamerez de lui aucune rétribution.

Mais, objectaient quelques membres, cela va grever lourdement les finances de l'État.

Danton répondit :

« J'ai déjà dit qu'il n'y a point de dépense réelle là où est le bon emploi pour l'intérêt public. Quand vous semez dans le vaste champ de la République, vous ne devez pas compter le prix de cette semence : *Après le pain, l'instruction est le premier besoin du peuple.* »

Plus tard Danton périt. Puis Robespierre.

Les hommes qui renversèrent ce dernier au 9 thermidor, réagirent contre les actes des chefs montagnards; ils modifièrent totalement la loi sur l'enseignement primaire, qui ne fut plus ni gratuit, ni obligatoire.

Il cessa d'être laïque sous l'empire. Napoléon s'empressa de rétablir les frères des écoles chrétiennes. Sous son règne, l'enseignement primaire abandonné à lui-même périclita.

On n'était plus au temps où Grégoire disait :

« Reconstituons la nature humaine en lui donnant une nouvelle trempe. Il faut que l'éducation publique s'empare de la génération qui naît. »

Napoléon se souciait peu de voir le peuple instruit et éclairé; c'est lui qui disait à Pestalozzi : « Est-ce que vous croyez que j'ai le temps de m'occuper de l'A B C ? »

Napoléon avait besoin de soldats et non d'hommes.

CHAPITRE XI

LES ÉCOLES CENTRALES

L'ENSEIGNEMENT SECONDAIRE

La Convention créa l'enseignement primaire; elle n'eut qu'à réformer l'enseignement secondaire. Les collèges de l'ancien régime existaient encore. Robespierre demande qu'on les réorganise.

« Les collèges, dit-il, ont été des pépinières de républicains ; ils ont formé l'esprit de la nation et l'ont rendue digne de la liberté. »

Il y avait bien à faire pour combler les immenses lacunes qu'offrait l'enseignement des collèges. Le grec y était fort négligé. L'étude de la langue française se réduisait presque à rien. Le latin seul était cultivé, mais d'une façon peu intelligente. On condamnait les écoliers à se charger la mémoire d'une logique aride et pédante qui donnait à l'esprit beaucoup de fatigue et peu de profit. Les élèves recevaient quelques minces notions de mathématiques et de sciences naturelles. Quant à l'histoire et aux langues vivantes il n'en était pas question.

La Convention reconstitua cet enseignement tombé en décrépitude en créant les écoles centrales. Le savant Daunou élabora le projet de loi. Il divise l'enseignement en trois parties :

1° Lettres et arts.

2° Sciences physiques et mathématiques.

3° Sciences morales.

Lettres : à chaque école centrale est attaché un professeur de belles lettres et un professeur de langues anciennes. De plus, — innovation capitale, — la Convention fonde l'enseignement des langues modernes. — Arts : chaque école possède un professeur de dessin. C'est encore une innovation.

L'enseignement des sciences est de même chose nouvelle. Les écoliers apprennent les éléments du calcul, les mathématiques, l'histoire naturelle, la physique, la chimie.

Un professeur de grammaire générale, un professeur d'histoire et un professeur de législation complètent le personnel de l'école.

DAUNOU
d'après un portrait fait dans sa jeunesse.

Le consulat raya les sciences morales de l'enseignement. La philosophie ne reparut que vers 1810 ; l'histoire ne fut rétablie que sous la Restauration.

L'école est administrée par trois professeurs élus par leurs collègues et formés en directoire. Les écoles centrales n'ont pas d'internes ; elles ne donnent pas l'instruction religieuse ; aux familles, le soin d'élever leurs enfants dans les principes qui leur conviennent.

La loi sur l'enseignement secondaire fut votée le 7 ventôse an III (25 février 1795).

« Un des mérites des écoles centrales est d'avoir encouragé cette espèce d'enseignement pratique que donnent les choses beaucoup mieux que les livres. J'ai sous les yeux un *Voyage des élèves de l'école centrale de l'Eure pendant les vacances de l'an VIII*. C'est un volume rédigé par les élèves qui avaient remporté des prix et auxquels on fit faire, pendant les vacances, un voyage jusqu'au Havre. Il va sans dire qu'on interdisait toute voiture; on couchait même sous des tentes portées pendant le jour sur une charrette avec les bagages. Les observations de toute espèce que contient cet ouvrage, les planches qui y sont jointes et qui ont été faites d'après les dessins des élèves, suffiraient pour montrer l'utilité de ces voyages si usités en Allemagne et en Suisse. » (E. Despois.)

CHAPITRE XII

ÉCOLE NORMALE SUPÉRIEURE

ENSEIGNEMENT SUPÉRIEUR

Quand l'enseignement public est décrété, organisé sur le papier, il faut trouver des hommes qui le répandent. La Convention s'efforça d'en découvrir et de constituer le corps enseignant : sur le rapport de Lakanal, elle créa *l'École normale supérieure.*

« Ce que Lakanal voyait dans cette création, dit éloquemment M. Paul Janet, c'était la diffusion et la propagation de la Science dans toutes les parties du territoire. « On ne verra plus dans l'in- « telligence d'une grande nation de très petits espaces cultivés « avec un soin extrême et de vastes déserts en friche... La raison « humaine produira partout les mêmes résultats. » N'est-ce pas là ce qui s'est réalisé? N'est-ce pas là l'exemple que donne encore aujourd'hui notre grande École normale supérieure? Ne voit-on pas chaque année sortir de ses murs une élite de jeunes gens qui vont répandre par toute la France les nouvelles méthodes de l'érudition et de la critique, les principes éternels du goût sans cesse renouvelés par les études les plus étendues et les plus variées, les grandes traditions de la philosophie jointes à un sentiment vif et éclairé des nouveautés solides et raisonnables ? »

L'École normale supérieure fut décrétée le 9 brumaire an III (30 octobre 1794).

Lakanal[1]; en présentant le projet de loi, disait :

« Dans cette école, ce n'est pas les sciences qu'on enseignera, mais l'art de les enseigner; au sortir de cette école, les disciples ne devront pas être seulement des hommes instruits, mais des hommes capables d'instruire. Pour la première fois, les hommes les plus éminents en tout genre de science et de talents, les hommes de génie vont être les premiers maîtres d'école d'un peuple. »

MONGE
d'après une médaille du Musée de l'Hôtel des Monnaies.

1. Joseph Lakanal, né à Serres (Ariège) le 14 juillet 1762, professeur de rhétorique à Bourges, de philosophie à Moulins, député de l'Ariège à la Convention, un des membres les plus illustres du Comité d'instruction publique, établit l'École normale supérieure, l'École des langues orientales, le Muséum d'histoire naturelle, et de concert avec Daunou et Carnot, l'Institut, dont il fut élu secrétaire. Resté pauvre, il devient, sous l'empire, économe du lycée Bonaparte, et perd sa place en 1809. Après Waterloo, prévoyant les rigueurs de la Restauration, il rassemble sa modique fortune et se prépare à l'exil. Cependant les patriotes veulent repousser l'invasion; mais l'argent manque. Lakanal offre aussitôt la somme qu'il possède et qui est tout son bien. — Retiré aux Etats-Unis, il reçoit du Congrès 500 acres de terre et se fait colon, planteur, pionnier. Puis il accepte de présider l'Université de la Louisiane. — La Révolution de 1830 le rappelle en France; il rentre à l'Institut et meurt le 14 février 1845 : « Ses mœurs étaient simples, son caractère stoïque, ses convictions inébranlables. Invariablement fidèle aux pensées et aux souvenirs de sa jeunesse, son inflexible esprit avait résisté à toutes les épreuves. Sa vieillesse était sereine; il aima jusqu'au dernier jour son pays, ses amis, les lettres, et, quand le terme est venu, il a vu la mort sans crainte et sans regret. » (Ch. de Rémusat). Une statue lui a été élevée à Foix en 1882.

Ces premiers maîtres d'école d'un peuple étaient :

Mathématiques : Lagrange, Laplace, Monge. — *Physique :* Haüy. — *Histoire naturelle* : Daubenton. — *Chimie* : Berthollet. — *Agriculture :* Thouin. — *Géographie :* Buache. — *Histoire :* Volney. —

Morale : Bernardin de Saint-Pierre. — *Grammaire générale :* Sicard. — *Analyse de l'entendement :* Garat. — *Littérature :* Laharpe. — *Économie politique :* Vandermonde.

Chaque élève reçoit un traitement annuel de 1200 francs. Une carte à son nom lui ouvre l'accès des Musées et des Bibliothèques. Les leçons des maîtres sténographiées, distribuées aux élèves, envoyées en province et jusqu'à l'étranger, doivent porter en tous lieux la science et la lumière.

L'inauguration de *l'École normale supérieure* se fit sans apparat.

« Pour toute cérémonie, Lakanal annonça qu'il allait lire le décret fondateur. Aussitôt, maîtres et élèves, d'un mouvement spontané, se découvrirent et tous, debout, écoutèrent avec une respectueuse émotion cette lecture que suivit une acclamation unanime et enthousiaste. » (E. Despois.)

Monge professa la *géométrie descriptive* qu'il avait découverte. L'ancien régime lui avait interdit de la divulguer. Ce ne fut qu'au bout de quinze ans, en 1794, que Monge put librement enseigner la science qu'il avait fondée : « On ne voit pas que la sécurité du pays en ait été compromise. Le jour de l'ouverture de l'École normale, à l'heure même où Monge prenait la parole pour dévoiler le dangereux secret de la géométrie descriptive, nos troupes entraient dans Amsterdam, et la flotte hollandaise, prise dans les glaces du Zuyderzée, capitulait devant quelques escadrons de hussards républicains. »

J'emprunte ces détails à M. E. Despois. Voici, encore d'après lui, une leçon de Sicard :

Chargé d'enseigner la grammaire générale, Sicard avait cru devoir, pour expliquer la théorie des signes, amener à ses leçons cinq des élèves sourds-muets dont il était l'instituteur. Le plus âgé d'entre eux se nommait Massieu.

Après avoir expliqué le langage des signes, Sicard dit :

« Il faut vous assurer vous-mêmes que le sourd-muet n'est plus sourd pour ceux qui savent lui écrire, n'est plus muet pour ceux qui savent lire. »

Et il passe aux assistants quatre planchettes en les priant d'y inscrire quelques questions adressées à Massieu. En voici une :

« Massieu, embrasse ton meilleur ami. »

(Ici, dit le compte rendu, l'élève a embrassé le citoyen Sicard.)

Une autre planchette porte cette invitation plus que naïve :

DAUBENTON

« Je prie Massieu de se moucher, puis d'embrasser une des citoyennes. »

(Ici, dit toujours le fidèle compte rendu, l'élève se mouche et embrasse une des citoyennes.)

Autre leçon. Le naturaliste octogénaire Daubenton critiquait certaines descriptions de son ami Buffon, entre autres celle du lion ; il lit ce dernier portrait :

« Le lion est le roi des animaux. » et il ajoutait : « Voilà certainement le lion peint en beau ; mais voyons sans préjugés de quelle valeur sont toutes ces assertions. Le lion n'est pas le roi des animaux : il n'y a point de roi dans la nature. »

Sur ces paroles éclata une explosion formidable d'applaudissements.

« C'était vraiment, dit le compte rendu, l'esprit public qui jaillissait dans toute sa pureté et toute sa force du foyer de l'instruction.

Jamais la haine de la royauté ne s'est manifestée avec plus d'énergie et l'amour de la République avec plus d'éclat. »

Cet esprit condamnait l'École près de la réaction thermidorienne. Les cours furent fermés.

Napoléon rouvrit l'École normale supérieure, mais avec l'internat, la vie commune, la discipline de cloître. Il en fit une caserne universitaire (1808).

L'esprit libéral et libre-penseur de l'École lui valut l'honneur d'être persécutée. La Restauration la licencia le 6 septembre 1822.

Rétablie en 1829, l'École garda l'indépendance de ses opinions et l'amour des institutions libres.

Un élève de l'École normale supérieure, Georges Farcy, combattit avec le peuple en juillet 1830 et fut tué à la porte de l'hôtel de Nantes.

La Révolution de février 1848 fut favorable à l'École. Carnot, ministre de l'instruction publique, réclama, au nom de l'égalité républicaine et dans l'intérêt des familles pauvres, la gratuité pour tous les élèves.

L'École normale supérieure, très populaire en 1848, prit part à toutes les fêtes républicaines de l'époque. Ce fut un élève de l'École normale supérieure qui porta le Contrat social dans la grande fête du Champ-de-Mars (21 mai).

Sous l'Empire, l'École normale supérieure fut sacrifiée au clergé, qui la redoutait. Elle eut à subir une longue période de persécutions tracassières.

En 1867, Sainte-Beuve, ancien maître de conférences à l'École normale supérieure, défendit au Sénat la cause de la *libre-pensée*. Les élèves de l'École envoient à leur ancien maître une lettre de félicitations publiée par l'*Avenir National*. Le ministère s'émeut, et le rédacteur de l'adresse, Lallier, est mis à la porte. Ses camarades protestent et se déclarent résolus à quitter l'École, si on ne réintègre Lallier. On les menace de les faire sabrer. Le lendemain 10 juillet 1867, ils sortent de l'École qui fut provisoirement licenciée.

CHAPITRE XIII

ÉCOLE POLYTECHNIQUE

Le 11 mars 1794 (12 ventôse an II), la Convention créa l'*École centrale des travaux publics*, dont le but était de fournir des jeunes gens instruits aux divers services de l'État, et surtout de former des ingénieurs civils et militaires. L'École centrale des travaux publics prit en 1795 le nom d'*École polytechnique;* elle l'a gardé depuis.

L'École polytechnique reçut son organisation définitive le 30 vendémiaire an IV (22 octobre 1795).

Fourcroy[1], rapporteur du Comité d'instruction publique, fixait ainsi le but de cette institution :

« Cette école est destinée à former des élèves pour le service de l'artillerie, du génie militaire, des ponts et chaussées et constructions civiles, des mines, des constructions de vaisseaux et bâtiments de mer, de la topographie, et en même temps pour

1. Fourcroy, né à Paris le 15 janvier 1755, célèbre chimiste, président du club de Jacobins, député-suppléant de Paris à la Convention, créa les Lycées sous le règne de Napoléon, qui le fit comte le jour même de sa mort (16 décembre 1809).

l'exercice libre des professions qui nécessitent des connaissances mathématiques et physiques. »

« L'originalité de cette création, dit E. Despois, c'est d'avoir senti qu'avant de parquer les jeunes gens dans des spécialités particulières, comme on le faisait antérieurement, il fallait, comme dit Arago, « leur enseigner les principes généraux des sciences

également indispensables aux ingénieurs civils et aux ingénieurs militaires. » Sans doute en face de nécessités si pressantes et si douloureuses, il était généreux de la part de la Convention d'ajourner ainsi les applications de la science et de fonder un système d'études qui devait plus tard seulement porter ses fruits. Cette vue élevée, cette prévoyance à long terme, cette confiance de la Convention dans un avenir qu'elle ne devait pas voir, confiance qui se retrouve dans les diverses fondations de cette époque, tout cela vaut bien la forfanterie héroïque du Sénat romain faisant vendre les arpents de terre sur lesquels campait encore Annibal, et leur trouvant des acheteurs. C'était plus simple et tout aussi grand. »

L'École polytechnique ne se composait que d'externes admis après un concours ouvert dans les vingt-deux principales villes de la République.

Les élèves recevaient de l'État un traitement annuel de 1200 fr. Les cours duraient trois ans.

La Convention donna pour professeurs à l'école ce que la France comptait de plus illustre dans les sciences : Lagrange, Prony, Monge, Berthollet, Fourcroy, Chaptal, Vauquelin, Guyton de Morveau.

Napoléon modifia l'école dans un sens anti-démocratique. Supprimant l'externat, il soumit les élèves au casernement et au régime militaire. La gratuité disparut comme la liberté. Les polytechniciens durent payer une pension de 800 francs et fournir le trousseau. C'était écarter de l'école les élèves pauvres. La Convention ne leur marchandait pas l'argent et pourtant ses finances écrasées par les frais d'une guerre formidable étaient loin de prospérer comme celles de l'empire.

Un militaire aussi patriote qu'éclairé, le général Foy, appelait la nouvelle École polytechnique « un séminaire de guerriers » et regrettait que « cette école, après avoir été un foyer de lumière pour la France et l'Europe, eût été reconstruite sur un plan plus étroit et moins libéral. »

Malgré tout, l'École polytechnique resta fidèle à son origine. Aussi Napoléon Ier ne l'aimait pas ; il la détestait comme un foyer de sourde opposition à l'empire.

En 1814, lors de l'invasion, les élèves de l'École polytechnique défendirent bravement Paris contre les alliés.

« Ils formèrent spontanément une compagnie d'artillerie. Une batterie servie par eux et par des vétérans, s'étant trop engagée sur l'avenue de Vincennes, afin de tirer contre la cavalerie ennemie, fut tournée par quelques escadrons qui la prirent à revers. Les héroïques jeunes gens rejetés sur leurs pièces, résistèrent vaillamment ; heureusement secourus par la garde nationale et par un détachement de dragons, ils eurent la gloire de ramener leurs canons à Paris et continuèrent à défendre la capitale. » (De Chesnel.)

Ils prirent part à la Révolution de 1830 et combattirent pour la liberté.

CHAPITRE XIV

ÉCOLES DIVERSES

La Convention améliora les écoles d'artillerie, transporta de Mézières à Metz l'École du génie, réorganisa l'École des ponts et chaussées, créa l'*École des mines* le 30 vendémiaire an IV (22 octobre 1795).

Le rapporteur Fourcroy disait sur cette dernière école :

« L'exploitation des mines a fixé l'attention des Comités, et elle fixera la vôtre ; la prospérité d'un empire tient plus ou moins à l'art de tirer parti des richesses minérales. L'art des mines est encore dans l'enfance ; il faut lui donner une grande impulsion. Vos comités vous proposent de confirmer une institution qui a déjà été établie par le gouvernement et qui promet les plus grands succès, en y ajoutant quelques moyens pour la pratique de l'art métallurgique. Le gouvernement avait établi une agence des mines vers la fin de l'an II ; des cours d'instruction ont été institués auprès d'elle ; trente élèves ont déjà accompagné cette année les inspecteurs dans les régions minéralogiques de la France. »

Les élèves de ces différentes écoles devaient tous sortir de l'École

polytechnique, où ils recevaient une instruction scientifique générale; dans les écoles d'application ci-dessus nommées, ils acqué-
raient les connaissances spéciales, nécessaires pour la carrière que
chacun voulait suivre.

L'enseignement supérieur des sciences présentait ainsi un ensemble admirablement ordonné, où tout appartenait au mérite et
rien à la faveur.

CHAPITRE XV

ÉCOLE DES LANGUES ORIENTALES

Depuis plusieurs siècles la France entretenait des relations suivies avec les pays du Levant. François Ier avait signé une alliance avec le sultan des Turcs, Soliman. Les Bourbons continuèrent la politique des Valois. — Louis XIV négocia toute sa vie avec la Porte. A la fin du xviiie siècle, la France avait de grands intérêts commerciaux ou diplomatiques en Orient. Mais nos agents, envoyés dans les villes orientales, ignoraient la langue du pays. D'où mille inconvénients. Pour y remédier, Lakanal proposa et la Convention rendit le décret suivant :

I. Il sera établi dans l'enceinte de la Bibliothèque nationale une école publique destinée à l'enseignement des langues orientales vivantes, *d'une utilité reconnue pour la politique et le commerce.*

II. L'école des langues orientales sera composée : 1° d'un professeur d'arabe littéraire et vulgaire ; 2° d'un professeur pour le turc et le tartare de Crimée ; 3° d'un professeur pour le persan et le malais.

(Il y eut aussi une chaire d'archéologie.)

III. Les professeurs feront connaître à leurs élèves les rapports politiques et commerciaux qu'ont avec la République les peuples qui parlent les langues qu'ils seront chargés d'enseigner.

IV. Lesdits professeurs composeront en français la grammaire des langues qu'ils enseigneront; ces divers ouvrages seront remis au comité d'instruction publique. » (10 germinal an III, 30 mars 1795.)

Les premiers professeurs furent Langlès, Sylvestre de Sacy, Venture et Millin.

Une chaire de grec moderne, établie par le Directoire, eut pour titulaire d'Ansse de Villoison.

CHAPITRE XVI

LE BUREAU DES LONGITUDES

Le 25 juin 1795 (7 thermidor an III), la Convention, sur le rapport de Grégoire, vota la création de *Bureau des Longitudes*.

Cet établissement astronomique était indispensable pour la marine : la navigation ne peut aller sans astronomie :

Les matelots ignorants, disait Grégoire, « incapables de s'assurer du lieu du vaisseau à chaque instant du jour et de la nuit, de connaître la longitude et la latitude des points de relâche, le gisement des côtes, iraient se briser contre des écueils.

« Il faut leur donner des règles sûres et applicables dans toutes les circonstances. Il faut en quelque sorte vulgariser la science en leur communiquant des méthodes promptes et faciles, pour simplifier les calculs et par là même dompter les fureurs de la mer et tromper les caprices de cet élément. »

Le bureau des longitudes remplira ce but :

« Ce bureau fera chaque année un cours public d'astronomie, il vérifiera tous les instruments nautiques destinés pour notre marine; il sera chargé de rédiger la connaissance des temps, de manière qu'on l'ait toujours plusieurs années à l'avance; il perfectionnera les tables astronomiques et les méthodes de longitude, les cartes magnétiques et surtout les cartes hydrographiques. »

Le bureau des longitudes aura de plus l'Observatoire de Paris sous sa dépendance.

Les premiers membres furent : deux géomètres, Lagrange et Laplace; quatre astronomes, Lalande, Cassini, Méchain et Delambre; deux navigateurs, Borda et Bougainville; un géographe, Buache.

CHAPITRE XVII

MUSÉUM D'HISTOIRE NATURELLE

Le Jardin des Plantes, fondé par Guy la Brosse sous Louis XIII, était en 1783 une simple école de botanique qui ne possédait aucune collection d'animaux vivants. De ce côté encore tout était à faire. En juillet 1792, Bernardin de Saint-Pierre, nommé directeur du Jardin des Plantes, réclama le premier l'établissement d'une ménagerie.

Le Comité d'instruction publique se rendit à ses vœux, les dépassa même en transformant de fond en comble le Jardin des Plantes.

Sur le rapport de Lakanal, l'Assemblée créa le Muséum d'histoire naturelle (10 juin 1793).

Il avait pour but de favoriser, d'organiser l'enseignement des sciences naturelles, « d'ouvrir à la science le livre immense de la nature. »

Lakanal ajoutait :

« Il viendra sans doute un temps où l'on élevera au jardin national les espèces de quadrupèdes, d'oiseaux et d'autres animaux étrangers qui peuvent s'acclimater sur le sol de la France et lui procurer ainsi de nouvelles richesses. »

Voilà en germe l'idée du jardin d'acclimatation.

Le décret de la Convention créait douze chaires : minéralogie, — chimie générale, — chimie appliquée, — botanique (enseignée dans le Muséum), — botanique (cours dans la campagne), — culture, — deux cours de zoologie, — anatomie humaine, — anatomie des animaux, — géologie, — iconographie.

La Convention donna au Muséum une constitution entièrement libre.

On peut en juger par la loi votée à ce sujet :

« L'établissement sera nommé *Muséum d'histoire naturelle*.

« Son but sera l'enseignement de l'histoire naturelle dans toute son étendue.

« Les professeurs nommeront chaque année, au scrutin, un directeur, un trésorier, choisis par eux.

« Lorsqu'une place de professeur sera vacante, les autres professeurs y nommeront le savant qu'ils jugeront le plus propre à la remplir. »

Le Consulat, en 1802, abrogea ce dernier article et se réserva de nommer les professeurs.

Quant à la partie matérielle du Jardin des Plantes, la Convention fit construire de nouvelles galeries, planter de nouveaux jardins, fonder de nouvelles serres :

« A cette époque, dit Michelet, on sortait de Paris beaucoup moins qu'aujourd'hui. Pour le Paris central, la grande promenade lointaine était celle du Jardin des Plantes et de son Muséum. Promenade si populaire que le Comité de salut public voulait la tripler d'étendue en lui donnant les deux quartiers voisins. Vers novembre 1794, la bibliothèque et l'amphithéâtre sont prêts, le Muséum transfiguré par l'arrivée des grandes collections de Hollande. La riche Asie (de Java, de Bornéo) apporte sa vie flamboyante. Ces îles aux cent volcans peignent tout, oiseaux, papillons, fleurs, coquilles, d'indicibles flammes. Le vieux Daubenton ranimé fit à quatre-vingts ans l'immense et rapide travail de classer et d'exposer tout. »

Une autre création charma les Parisiens, celle de la Ménagerie que l'on forma d'une façon toute révolutionnaire.

« Un matin, raconte M. E. Despois, le 4 novembre 1793, le jeune savant Geoffroy Saint-Hilaire se livrait à quelques recherches d'histoire naturelle, lorsqu'on vient le prévenir qu'un ours blanc, une panthère et d'autres animaux l'attendent aux portes du Muséum. Un instant après arrive une nouvelle caravane, composée d'un second ours blanc et de deux mandrilles, et suivie bientôt d'un troisième convoi contenant un chat-tigre, deux aigles et d'autres oiseaux. C'était l'administration de la police qui envoyait tous ces animaux; elle avait décidé la veille qu'à l'avenir nulle exhibition d'animaux vivants ne serait permise à Paris, et ces trois envois étaient simplement trois ménageries ambulantes saisies par ordre de la police, données par elle au Muséum, et qu'accompagnaient leurs propriétaires. Le Muséum devait leur payer une certaine indemnité. Mais que faire? Geoffroy Saint-Hilaire n'avait pas de fonds dont il pût disposer. Il fit simplement ranger à la suite les unes des autres les cages sous les fenêtres du Muséum, et retint les propriétaires comme gardiens, s'engageant à les nourrir et à les loger avec leurs bêtes jusqu'à ce qu'on les eût dédommagés. »

Le Muséum est aujourd'hui le plus vaste établissement du monde qui soit consacré à l'enseignement des sciences naturelles.

Les professeurs du Muséum n'oublièrent pas l'homme qui l'organisa. Bien longtemps après la Révolution, en 1823, Lakanal vivait en exil aux États-Unis. Deleuze, qui venait d'écrire l'histoire du Muséum, envoya au grand conventionnel un exemplaire de son livre avec ces mots :

« A M. Lakanal, pour le remercier du décret du 10 juin 1793.

Offert par les professeurs du Muséum d'histoire naturelle soussignés :

Vauquelin, Thouin, Desfontaines, Geoffroy Saint-Hilaire, Latreille, Cuvier, Laugier, Cordier, Jussieu, Lamarck, Brongniart, Lacépède.

Paris, 10 juin 1823. »

A la date, où ces savants ne craignaient pas de se souvenir d'un conventionnel ayant voté la mort de Louis XVI, Manuel était expulsé de la Chambre pour avoir prononcé une phrase qui semblait faire l'apologie du régicide.

CHAPITRE XVIII

L'INSTITUT

La Convention termina ses immenses travaux en créant l'*Institut
national*, « idée grande et majestueuse, dont l'exécution doit effacer
en splendeur toutes les académies des rois, comme les destinées
de la France républicaine effacent déjà les plus brillantes époques
de la France monarchique. Ce sera en quelque sorte l'abrégé du
monde savant, le corps représentatif de la République des lettres
l'honorable but de toutes les ambitions de la science et du talent,
la plus magnifique récompense des grands efforts et des grands
succès; ce sera en quelque sorte un temple national, dont les
portes toujours fermées à l'intrigue, ne s'ouvriront qu'au bruit
d'une juste renommée. »

C'est en ces termes que Daunou[1], rapporteur du Comité d'ins-

1. Daunou, né à Boulogne-sur-Mer le 18 août 1761, d'abord oratorien, professeur de
philosophie au collège de Troyes, député du Pas-de-Calais à la Convention, entre au
Comité d'instruction publique, où il se distingue par sa science et son activité. En 1797
il prononce au champ de Mars l'éloge funèbre de Hoche. Il part ensuite en Italie et
organise la République romaine. Après le 18 brumaire, il fait de l'opposition à Bonaparte qui l'élimine en 1802 du Tribunat. Nommé au collège de France en 1819 il pro-

truction publique, proposait à l'assemblée la création de l'Institut. La Convention adopta le projet de Daunou le 3 brumaire an IV (25 octobre 1795), la veille du jour où elle déclara sa mission terminée :

I. L'*Institut national* des sciences et des arts appartient à toute la République. Il est fixé à Paris. Il est destiné :

1° A perfectionner les sciences et les arts par des recherches non interrompues, par la publication des découvertes, par la correspondance avec les sociétés savantes et étrangères.

2° A suivre les travaux scientifiques et littéraires qui auront pour objet l'utilité générale et la gloire de la République.

fesse l'histoire et la morale jusqu'en 1820, et meurt le 20 juin 1840. Daunou, simple et modeste, laborieux et instruit, conquit par la dignité de son caractère le respect et l'estime de tous les gouvernements comme de tous les partis.

II. Il est composé de membres résidents à Paris et d'un égal nombre d'associés répandus dans les différentes parties de la République. Il s'associe des savants étrangers dont le nombre est de vingt-quatre.

III. Il est divisé en trois classes, et chaque classe en plusieurs sections :

1re classe. — *Sciences physiques et mathématiques :* Mathématiques, — arts mécaniques, — astronomie, — physique expérimentale, — chimie, — histoire naturelle et minéralogie, — botanique, — anatomie et zoologie, — médecine et chirurgie, — économie rurale et arts vétérinaires.

Total, 60 membres (6 par section) et autant d'associés pour les départements.

2e classe. — *Sciences morales et politiques :* analyse des sensations et des idées — morale — science sociale et législation — économie politique — histoire — géographie.

Total, 36 membres (6 par section) et autant d'associés pour les départements.

3e classe. — *Littérature et beaux-arts :* grammaire — langues anciennes — poésie — antiquités et monuments — peinture — sculpture — architecture — musique et déclamation.

Total, 48 membres (6 par section) et autant d'associés pour les départements.

V. Chaque classe de l'Institut publiera tous les ans ses découvertes et ses travaux.

VI. L'Institut national aura quatre séances publiques par an. Les trois classes seront réunies dans ces séances.

Il rendra compte tous les ans au corps législatif des progrès des sciences et des travaux de chacune de ses classes. »

Ces comptes rendus si utiles furent plus tard supprimés. Arago dit à ce sujet : « Si cette disposition dont la grandeur frappera les esprits les plus froids, n'eût pas été abolie, nous possèderions aujourd'hui, j'ose l'assurer, de précieux, d'inappréciables chapitres de l'histoire des sciences. Quel est donc le savant, le littérateur, l'érudit qui n'aurait pas fait des efforts surhumains pour mettre en relief, en pleine lumière, les découvertes contemporaines, pour tracer un tableau destiné à être déroulé solennellement à la tribune nationale devant les mandataires du pays ! »

La Convention nomma le tiers des 144 membres de l'Institut, sur la présentation du Comité d'instruction publique. Ces 48 membres élurent les 96 autres. Une fois constitué, l'Institut choisit pour président son fondateur Daunou.

La première séance particulière de l'Institut eut lieu le 22 nivôse an IV (12 janvier 1796) et la première séance publique le 15 germinal (4 avril) de la même année.

Parmi les noms célèbres que comptait l'Institut à sa naissance citons :

Classes des sciences physiques et mathématiques : Adanson, Berthollet, Borda, Cuvier, Cassini, Daubenton, Darcel, Delambre, Dolomieu, Lagrange, Laplace, Guyton de Morveau, Fourcroy, Vauquelin, Haüy, Lamarck, Jussieu, Lacépède, Portal, Parmentier...

Classe des sciences morales et politiques : Lakanal, Grégoire, Sieyès, Volney, Garat, Guinguené, Deleyre, Mercier, Cabanis, Daunou, Bernardin de Saint-Pierre, Cambacérès, Anquetil, Dacier....

Classe de littérature et beaux-arts : Chénier (Marie-Joseph), Ducis, Lebrun, Delille, Fontanes, Andrieux, Collin d'Harleville,

1763 — L. N. VAUQUELIN — 1829

Sicard, Dussaulx, Sylvestre de Sacy, Langlès, Dupuis; — David, Méhul, Gossec, Grétry, Préville, Monvel.

Monvel était acteur dramatique.

En nommant des comédiens à l'Institut, la Convention voulait réagir contre le préjugé, qui aujourd'hui encore atteint cette profession : « Il est temps, disait Daunou, que la gloire aussi ressente l'influence de l'universelle égalité, et qu'elle puisse ouvrir à la fois son temple à l'orateur, à l'historien, à l'artiste, et à l'acteur célèbre qui recrée les chefs-d'œuvre du théâtre, en leur donnant l'âme du geste, du regard et de la voix, et qui achève aussi Corneille et Voltaire. »

Voici comment E. Renan apprécie la création de l'Institut :

« L'Institut est une des créations les plus glorieuses de la Révolution, une chose tout à fait propre à la France. Plusieurs pays peuvent rivaliser avec le nôtre par l'illustration des personnes qui les composent, et par l'importance de leurs travaux; la France seule a un *Institut* où tous les efforts de l'esprit humain sont liés en faisceau, où le poète, le philosophe, l'historien, le philologue, le critique, le mathématicien, le physicien, l'astronome, le naturaliste, l'économiste, le jurisconsulte, le sculpteur, le peintre, le musicien peuvent s'appeler confrères. Deux pensées préoccupaient les hommes simples et grands qui conçurent le dessin de cette fondation toute nouvelle : l'une admirablement vraie, c'est que toutes les productions de l'esprit humain se tiennent et sont solidaires l'une de l'autre, l'autre plus critiquable, mais grande encore, c'est que les sciences, les lettres et les arts sont une chose d'État, une chose que chaque nation produit en corps, que la patrie est chargée de provoquer, d'encourager, de récompenser. »

CHAPITRE XIX

BIBLIOTHÈQUES

Le premier en France, Charles V fonda une bibliothèque permanente. Il fit copier et traduire un grand nombre d'ouvrages ; l'inventaire de cette bibliothèque dressé en 1373 par Gilles Malet, maître d'hôtel du roi, prouve qu'elle contenait 910 volumes de littérature, d'histoire, de théologie et de droit.

Réorganisée par Louis XI, accrue par les rois qui suivirent, la Bibliothèque royale compta sous le cardinal Mazarin 16 734 volumes. Colbert l'enrichit énormément; à sa mort elle possédait plus de 10 000 manuscrits et de 40 000 imprimés.

En 1793, le nombre des livres de la Bibliothèque s'élevait à 152 868.

Il s'agissait d'augmenter ce dépôt.

« Représentants, disait Villar au nom du Comité d'instruction publique, vous ne devez rien épargner pour compléter la bibliothèque de la Nation en ouvrages de toute espèce.

« Votre intention en la protégeant n'est-elle pas de faciliter aux citoyens nés avec du talent, mais disgraciés de la fortune, les moyens de s'instruire, et d'honorer le siècle de la liberté par des écrits lumineux et profonds ?

« On vous l'a dit souvent, le vrai moyen d'affermir un gouvernement libre, c'est de ne rien oublier de ce qui peut accroître la masse des vérités utiles au peuple.

« Encouragez donc de tout votre pouvoir, et conduisez par degrés au plus haut point de perfection tous les établissements consacrés à l'étude des sciences, des lettres et des arts. »

La Convention vota un crédit annuel de 192 000 livres à la Bibliothèque. (23 vendémiaire an IV, 15 octobre 1795.)

Déjà elle lui avait attribué d'immenses collections de livres qui provenaient des divers couvents de Paris, ou qu'elle faisait revenir de la province.

De plus, par une loi de 1793, l'assemblée enjoignait à tous les libraires, imprimeurs, graveurs, de déposer à la Bibliothèque nationale deux exemplaires des ouvrages publiés par eux.

En même temps que la Convention accroissait la Bibliothèque de manuscrits précieux et d'innombrables volumes, elle rendait ces richesses utiles et profitables à tous, en déclarant que la Bibliothèque serait publique.

Avant 1789, la Bibliothèque du roi était censée l'être. En fait elle ne s'ouvrait qu'à un petit nombre de privilégiés, et seulement deux fois par semaine, de neuf heures à onze heures trois quarts. Les directeurs en prenaient du reste à leur aise. L'un deux, Barthélemy, auteur du jeune *Anacharsis*, étant parti voyager en Italie, mit dans sa poche les clefs des collections qui restèrent deux ans fermées au public. Il y eut quelque chose de plus drôle encore :

« On vit un enfant de huit ans, l'abbé de Louvois, réunir à la fois sur sa tête la place de bibliothécaire, celle de garde de la librairie, et celle de garde des médailles. » (Rapport de Villar, 23 vendémiaire an IV.)

La Convention, supprimant ces directeurs de parade, les remplaça par un conservatoire de huit membres, qui devait élire chaque année un administrateur en chef. En cas de vacance d'une place de conservateur, le conservatoire choisissait lui-même le remplaçant de l'ancien titulaire. Le pouvoir intervient donc aussi peu que possible dans le gouvernement de la Bibliothèque nationale. La Convention lui laisse le soin de s'administrer à sa guise.

La Convention avait ordonné de détruire les emblèmes qui rappelaient la royauté. On eût pu abuser de son décret et gâter les livres de la Bibliothèque, qui portaient les signes proscrits : « Ce n'est pas là votre intention, dit Chénier; mais il pourrait se trouver des Vandales et des Visigoths qui suppléassent à votre silence. »

La Convention décrète donc ce qui suit :

« Il est défendu d'enlever, de détruire, mutiler, ni altérer en aucune manière, — sous prétexte de faire disparaître les signes de la féodalité et de la royauté dans les bibliothèques, les collections, cabinets, musées publics, ou particuliers, non plus que chez les artistes, ouvriers, libraires ou marchands, — les livres imprimés ou manuscrits, les gravures et dessins, les tableaux, bas-reliefs, statues, médailles, vases, antiquités, cartes géographiques, plans, reliefs, modèles, machines, instruments et autres objets qui intéressent les arts, l'histoire et l'instruction. » (23 octobre 93, 2 brumaire an II.)

Malgré ce décret, il se trouva, dit M. Despois, des *Vandales* et des *Visigoths* pour demander la suppression des armoiries empreintes sur les livres de la Bibliothèque. C'était une dépense de quatre millions.

« Mais, écrivait l'un de ces barbares, nous n'en sommes pas à quatre millions près, quand il s'agit d'une opération vraiment républicaine. »

L'auteur de ces lignes n'était autre que l'ex-académicien Laharpe. Royaliste un peu plus tard, et fervent catholique, il devait dénigre

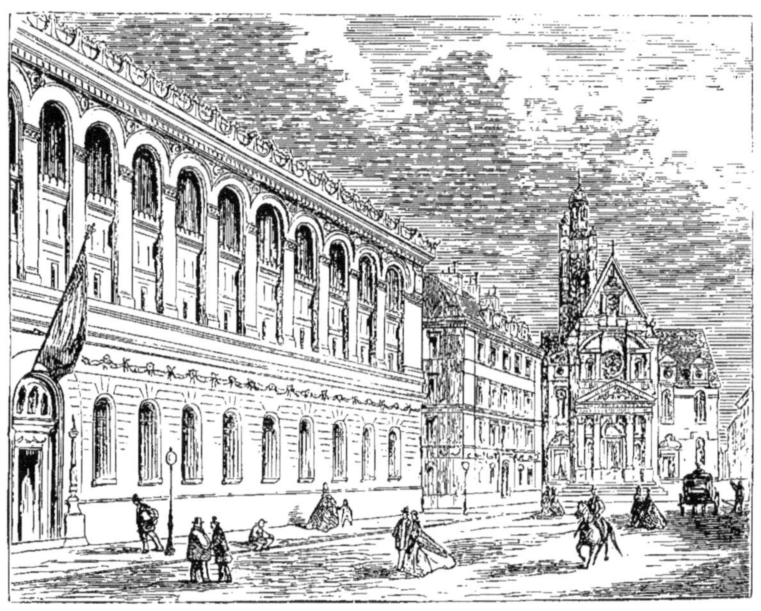

la Convention avec toute l'acrimonie d'un apostat qui a renié ses convictions premières.

En dépit des calomnies, la Convention fit plus pour la Bibliothèque nationale qu'aucun gouvernement.

Villar disait à l'Assemblée :

« L'Europe savante ne cessera jamais de vous envier cet immense dépôt de toutes les connaissances humaines. »

Si la Bibliothèque nationale est un objet d'envie pour les étrangers
et un objet d'orgueil pour la France, c'est à la Convention qu'en
revient le principal mérite.

Tout en donnant ses soins à la Bibliothèque nationale, l'Assemblée
ne négligeait pas les autres bibliothèques de Paris ou de la province.
Elle ouvrait au public la bibliothèque de l'Arsenal et la bibliothèque
Sainte-Geneviève, dont l'illustre Daunou fut le premier conservateur.

En même temps, Grégoire et le Comité d'instruction publique ordonnent aux bibliothèques départementales de faire dresser rapide-
ment le catalogue des livres, imprimés et manuscrits qu'elles con-
tiennent. Grégoire trouve que ce catalogue universel ne va pas vite.

« Selon lui, dit en une page spirituelle M. Despois, la lenteur des
administrations locales à terminer les inventaires tient parfois à la
crainte qu'expriment quelques départements de voir une partie de
ces richesses littéraires prendre le chemin de Paris : « Vous recon-
naissez là, dit le fougueux montagnard, cet esprit d'égoïsme, ou plutôt
ce *fédéralisme* qui se fait centre, qui s'isole, et qui est un crime. »
Cette accusation de fédéralisme, qui n'était pas alors une plaisanterie,
a dû mettre le feu sous le ventre à plus d'un pacifique catalogueur.
Mais cette lenteur n'est pas le seul tort dont se plaigne Grégoire :
Certains catalogues déjà envoyés, sont incomplets; on n'a cru devoir
y mentionner que les beaux livres, bien reliés, bien conservés. On a
négligé les *bouquins*. Les bouquins! Là-dessus Grégoire fait explosion, et son indignation, quelle qu'en soit la forme, ira au cœur
des bibliophiles. Les bouquins! oui, dans les bibliothèques ce sera
comme dans la société ! On n'appréciera que des sottises bien
habillées, les fadaises nobiliaires et autres, couvertes en maroquin,

dorées sur tranche, tandis qu'on méconnaîtra ces pauvres livres
modestes, dont les services pourtant compensent bien le misérable
costume. Les bouquins! c'est Tacite, c'est Hubert Languet, c'est
Milton, ce sont tous ces écrivains « qui ont révélé les crimes des
tyrans et les droits des peuples. » Mais ils sont mal vêtus; on les dé-
daigne. Que voulez-vous! « Ce sont les sans-culottes des bibliothèques! »

Les catalogues se terminèrent et se complétèrent peu à peu.
Les efforts que fit le Comité d'instruction publique pour rassembler
les documents historiques et les matériaux de toute sorte ayant trait
à nos annales, rendirent possibles les grands travaux historiques qui
sont la gloire originale du XIXe siècle.

CHAPITRE XX

ARCHIVES

En 1782 il y avait en France 1225 dépôts d'archives qui ren-
fermaient des titres de toute espèce. La Convention ordonna le triage
de ces titres, chartes et pièces manuscrites. Les parchemins inutiles
et qui encombraient sans profit les bâtiments publics, la Convention
ordonna de les vendre ; on les mit à la disposition des ministres de la
marine et de la guerre pour servir à fabriquer des gargousses d'artillerie.

Une agence d'archivistes et de gens de lettres entreprit le triage
des titres. Les uns furent affectés aux bibliothèques :

« Le Comité fera trier dans tous les dépôts de titres, les chartes
et manuscrits qui appartiennent à l'histoire, aux sciences et aux arts
ou qui peuvent servir à l'instruction, pour être réunis et déposés,
savoir, à Paris, à la Bibliothèque nationale et dans les départements,
à celle de chaque district. » (7 messidor an II, 25 juin 1794.)

Les titres non détournés pour les bibliothèques furent centralisés
au Louvre et formèrent les *archives nationales ;* ceux qui furent
centralisés en province formèrent les *archives départementales.*

Outre les titres de l'époque féodale et les pièces des temps modernes, les archives nationales comprirent les procès-verbaux, lois et décrets des assemblées contemporaines.

Le premier directeur des Archives fut celui qui les organisa, *Camus*, né à Paris le 2 avril 1740, député du Tiers aux États-généraux, envoyé à la Convention par la Haute-Loire. En Belgique, il somma Dumouriez de se rendre à Paris où le mandait l'assemblée : « Voulez-vous oui ou non obéir à la Convention ? — Non. — Eh bien, je vous destitue et je vous arrête. — C'est trop fort, » crie Dumouriez, et il le livre avec trois de ses collègues aux Autrichiens. Camus fit partie de l'Institut ; il mourut le 2 novembre 1804.

CHAPITRE XXI

PROPRIÉTÉ LITTÉRAIRE

Sous l'ancien régime, l'écrivain ne pouvait rien publier sans l'agrément du roi. En 1769, le Parlement porta la *peine de mort* contre tout auteur d'ouvrage *tendant à émouvoir les esprits*. La liberté d'écrire n'existait donc pas. De plus nul écrivain n'avait la propriété de ses œuvres. Chacun pouvait reproduire et réimprimer un livre sans que l'auteur en tirât le moindre profit.

Lakanal, à qui l'enseignement et les lettres doivent tant, fit changer cet état de choses : le 19 juillet 1793, sur sa proposition, la Convention nationale consacra la propriété littéraire.

« De toutes les propriétés, dit Lakanal, la moins susceptible de contestation, c'est sans contredit celle des productions du génie, et si quelque chose doit étonner, c'est qu'il ait fallu reconnaître cette propriété, assurer son libre exercice par une loi positive; c'est qu'une aussi grande révolution que la nôtre ait été nécessaire pour nous ramener sur ce point, comme sur tant d'autres, aux simples éléments de la justice la plus commune.

« Le génie a-t-il ordonné, dans le silence, un ouvrage qui recule

les bornes des connaissances humaines, des pirates littéraires s'en
emparent aussitôt, et l'auteur ne marche à l'immortalité qu'à travers
les horreurs de la misère. Et ses enfants?... Citoyens, la postérité du
gand Corneille s'est éteinte dans l'indigence.

« Par quelle fatalité faudrait-il que l'homme de génie qui consacre
ses veilles à l'instruction de ses concitoyens, n'eût à se promettre
qu'une gloire stérile, et ne pût revendiquer le tribut légitime d'un
si noble travail!

« C'est après une délibération réfléchie que votre Comité vous pro-
ose de consacrer des dispositions législatives, qui forment, en quelque sorte, la déclaration des droits du génie. »

Le rapporteur lit un projet de loi, qui est adopté en ces termes :

« I. Les auteurs d'écrits en tout genre, les compositeurs de musique, les peintres et dessinateurs qui feront graver des tableaux ou
dessins, jouiront, durant leur vie entière, du droit exclusif de vendre,
faire vendre, distribuer leurs ouvrages dans le territoire de la République, et d'en céder la propriété en tout et en partie.

II. Leurs héritiers ou cessionnaires jouiront du même droit durant
l'espace de dix ans, après la mort des auteurs.

III. Les officiers de paix seront tenus de faire confisquer, à la
réquisition et au profit des auteurs, compositeurs, peintres ou dessinateurs et autres, leurs héritiers ou cessionnaires, tous les exemplaires des éditions imprimées ou gravées sans la permission formelle
et par écrit des auteurs.

IV. Tout contrefacteur sera tenu de payer au véritable propriétaire
une somme équivalente au prix de 3000 exemplaires de l'édition
originale.

V. Tout débitant d'édition contrefaite, s'il n'est pas reconnu contrefacteur, sera tenu de payer au véritable propriétaire une somme équivalente au prix de 500 exemplaires de l'édition originale. »

Avant 1789, l'écrivain pauvre, ne pouvant tirer de ses écrits un tribut légitime, implorait une pension du roi, se mettait à la solde des grands, et perdait toute indépendance. Grâce à la Convention, l'écrivain put vivre de sa plume et marcher fièrement, sans avoir besoin de personne, sans être obligé de tendre la main.

CHAPITRE XXII

CONSERVATOIRE DES ARTS ET MÉTIERS

Aucune assemblée ne fit pour le peuple autant que la Convention. Mainte institution le prouve, surtout celle du Conservatoire des arts et métiers.

La Convention le décréta sur le rapport de Grégoire, dont voici en partie le discours :

« Faire avec un homme, par le secours des machines, ce qu'on ne ferait sans elles qu'avec deux ou trois hommes, c'est doubler ou tripler le nombre des citoyens.

« Calculez l'énorme différence qui existe entre un peuple chez qui les arts sont au berceau, et celui qui en a développé toutes les ressources; entre ces habitants du Paraguay, qui coupaient leurs blés avec des côtes de vaches au lieu de faucilles, et l'habileté de l'Européen, qui est parvenu à filer, à tisser les métaux.

« C'est avec surprise qu'on voit encore des gens prétendre que le perfectionnement de l'industrie et la simplification de la main d'œuvre entraînent des dangers, parce que, dit-on, elles ôtent les moyens d'existence à beaucoup d'ouvriers.

« Ainsi raisonnaient les copistes, lorsque l'imprime.ie fut inventée ; ainsi raisonnaient les bateliers de Londres qui voulaient s'insurger lorsqu'on bâtit le pont de Westminster.

« Quand une invention nouvelle peut à l'instant paralyser beaucoup d'ouvriers, la sollicitude paternelle des législateurs doit prendre des moyens pour les soustraire à l'indigence et empêcher qu'il n'en résulte une secousse ; mais au fond l'objection est puérile, sans quoi il faudrait briser.les métiers à bas et tous les chefs-d'œuvre qu'enfanta l'industrie pour le bonheur de la société.

« Faut-il donc un grand effort de génie pour sentir que nous avons plus d'ouvrages que de bras ; qu'en simplifiant la main d'œuvre on en diminue le prix, et que c'est un infaillible moyen d'établir un commerce lucratif qui écrasera l'industrie étrangère, en repoussant la concurrence de ses produits ?

« Au nom des comités d'agriculture et des arts et d'instruction publique, je viens vous présenter des moyens de perfectionner l'industrie nationale.

« Les républicains se souviennent avec indignation que récemment encore l'anglomanie dominait en France : habit, vaisselle, rasoir, couteau, ressorts de voiture, lunettes, tout était à l'anglaise ; abjurons à jamais le mot et la chose.

« Celui-là, disait Jean-Jacques, est vraiment libre, qui pour sub- » sister n'est pas obligé de mettre les bras d'un autre au bout des » siens. »

« Ce qu'il disait des individus, s'applique parfaitement aux nations : le perfectionnement des arts est un principe conservateur de la liberté ; secouer le joug de l'industrie étrangère c'est assurer sa propre indépendance.

« C'était un préjugé bien étrange, celui qui disait : L'anglais invente, le français perfectionne. Sans y mettre une partialité inspirée par l'amour de la patrie, une simple énumération prouverait que le français libre, capable de tout, invente et perfectionne plus qu'aucun peuple. Dernièrement on vous a présenté le tableau des découvertes

scientifiques et vraiment étonnantes qui ont illustré la Révolution ; mais il est de nouveaux faits à citer, qui sont encore peu connus et qui réjouiront le cœur des patriotes.

« Des ateliers où l'on travaille, où l'on soude les feuilles de corne pour faire des lanternes au service des vaisseaux ; un fourneau pour préparer du charbon de tourbe, une manufacture de minium qui n'attend que des encouragements ; une manufacture de faulx, qui nous affranchira d'un tribut annuel qu'on payait à l'Allemagne pour cet objet; l'art de préparer en quelques jours des cuirs qui subissaient une préparation de deux années : tout cela vient de naître et commence à **prospérer**.

« L'horlogerie de Paris et celle de Besançon s'apprêtent à nous faire oublier celle de l'étranger. Une ville presque enclavée dans notre territoire nous pompait annuellement 8 à 9 millions pour cet objet : vivons en bons voisins avec les Génevois, mais cependant faisons nos montres. »

Pour développer l'industrie nationale, Grégoire propose de créer un Conservatoire des arts et métiers :

« La création d'un Conservatoire pour les arts et métiers, où se réuniront tous les outils et machines nouvellement inventés et perfectionnés, va éveiller la curiosité et l'intérêt, et vous verrez dans tous les genres des progrès très rapides. Là, rien de systématique ; l'expérience seule, en parlant aux yeux, aura droit d'obtenir l'assentiment.

« La chose est d'autant plus nécessaire que pour certaines branches d'industrie, les connaissances les plus précieuses sont le partage d'un très petit nombre d'individus; par exemple pour graver les caractères d'imprimerie, la France ne possède guère qu'une dizaine d'artistes habiles.

« L'on en compte à peine cinq ou six pour la confection des instruments de mathématique et de physique, et l'importation de ces objets coûtait à la France plusieurs millions par an. Un Conservatoire qui avivera tous les arts vous coûtera beaucoup moins.

« Le Conservatoire nous promet encore d'autres avantages.

« Des hommes nés avec du génie ont quelquefois consumé un temps précieux pour inventer péniblement ce qui était inventé ; s'ils avaient connu les modèles préexistants, c'eût été leur point de départ, et au lieu de tâtonner pour arriver à ce qui est connu, ils auraient fait faire un pas de plus à la science.

« Je passe au mode d'organisation ; voici comment nous l'avons conçu :

« On choisira un local vaste et susceptible en partie de recevoir la forme d'amphithéâtre.

« On y réunira les instruments et les modèles de tous les arts dont l'objet est de nourrir, vêtir et loger.

« Aux machines seront joints autant qu'il sera possible :

1° des échantillons du produit des manufactures nationales et étrangères, pour avoir toujours des pièces de comparaison.

2° le dessin de chaque machine.

3° la description qui conserve pour ainsi dire la pensée de l'inventeur. Ces précautions sont nécessaires pour l'histoire de l'art, car, à mesure que l'industrie se perfectionne, les modèles peuvent disparaître. Le dessin et la description rappellent ce qui est fait, et peuvent mettre sur la route de nouvelles découvertes. Si les anciens avaient pris de telles précautions, s'ils avaient consigné dans leurs écrits les procédés des arts, on n'aurait pas tant discuté sur l'airain de Corinthe, le feu grégeois, la pierre obsidienne, et les vases murrhins ; peut-être n'aurait-on pas perdu la peinture alénéaustique, l'art de teindre en pourpre et la composition du mastic employé par les Romains dans leurs bâtisses. Quand on ouvre le traité de Pancirole, on éprouve les regrets les plus amers, sur une foule de découvertes qui sont ensevelies dans le passé.

« Les arts et métiers s'apprennent dans les ateliers, et ce n'est pas dans ce Conservatoire qu'on enseignera, par exemple, à faire des bas et du ruban : ce n'est pas là non plus où s'enseignera la partie chimique des arts, mais la partie mécanique, la construction des outils et des machines les plus accomplis, leur jeu, la distribution du mouvement, l'emploi des forces, et cette partie des sciences est également neuve et utile.

« Il est encore un moyen d'arriver à l'industrie, c'est de répandre avec profusion les livres élémentaires qui mettront en circulation les idées lumineuses et les principes propres à perfectionner les arts. »

Le Conservatoire n'intéresse pas seulement les ouvriers de Paris, mais ceux de la France entière :

« Il s'agit de faire participer tous les départements au bienfait de cet établissement formé pour tous, car la Convention nationale n'a pas de prédilection ; toute la famille a les mêmes droits.

« Le Conservatoire sera le réservoir dont les canaux fertiliseront toute l'étendue de la France. On transmettra dans les départements des dessins, des descriptions, et même des modèles de ce qui aura le cachet de l'utilité, mais cependant avec la prudence qui, mettant la République en jouissance d'une invention nouvelle, en soustrait la connaissance à l'avidité de l'étranger. »

Grégoire termine ainsi :

« Il n'est pas un citoyen qui ne soit intéressé aux progrès des arts et métiers, il n'est pas un jour, pas un instant qu'il ne soit obligé de réclamer leur appui. Soyez sûrs que la formation de ce Conservatoire répandra la joie dans le cœur de tous les artisans, de tous les vrais amis de la patrie. Dans les vallons et sur les montagnes de la Suisse, j'ai vu des hommes avec l'attitude de la liberté vertueuse et fière, à la suite de leurs charrues, à la tête de leurs troupeaux, porter une houlette, un sabre et des livres. Il faut de même que le Français sache se gouverner, se nourrir et se battre. »

La Convention nationale rendit le décret suivant :

« Il sera formé à Paris, sous le nom de Conservatoire des arts et métiers, un dépôt de machines, outils, dessins, descriptions et livres dans tous les genres d'arts et métiers. L'original des instruments et machines inventés ou perfectionnés sera déposé au Conservatoire. On y expliquera la construction et l'emploi des outils et machines utiles aux arts et métiers. » (19 vendémiaire an III, 10 octobre 1794.)

Un mot sur l'abbé Grégoire. Né à Vého (Meurthe) en 1750, il entra dans les ordres et fut député aux états généraux.

« Ce fut, dit E. Despois, un étrange homme que Grégoire, et peut-être le personnage le plus original de cette Convention où les singularités ne manquaient point. Curé d'Embermesnil avant la Révolution, nommé depuis évêque de Blois, tout en remplissant ses devoirs ecclésiastiques qui toujours chez lui s'appuyèrent sur d'inflexibles convictions, il n'en avait pas moins accepté toutes les idées de tolérance que la philosophie du xviii° siècle avait propagées. Tout cela se conciliait, on ne sait trop comment, au fond de son intelligence ou plutôt de son cœur. Non seulement ce fut le champion le plus déterminé de la liberté des noirs, soit avant l'émancipation des nègres dans nos colonies, soit après le rétablissement de l'esclavage sous le consulat : mais les juifs, toujours persécutés, n'eurent pas de protecteur plus dévoué que cet évêque. Il obtint pour eux ce qu'on leur contestait même après 1789, l'égalité, le titre, les droits de citoyens, et les synagogues de France, à cette occasion, firent pour lui des prières publiques ; c'est probablement le seul prêtre catholique qui ait mérité et obtenu des israélites ce témoignage de reconnaissance.

Catholique avoué à la Convention et rêvant toujours le retour de la primitive Église, plus tard républicain au Sénat, jamais il ne renia son caractère religieux ni ses principes politiques. »

Grégoire mourut en 1831.

CHAPITRE XXIII

UNITÉ DES POIDS ET MESURES

SYSTÈME MÉTRIQUE

L'ancienne France avait en vain rêvé l'uniformité des poids et mesures; les rois avaient en vain travaillé à l'établir :

« César voulut établir des mesures uniformes dans tout l'empire romain, Charlemagne, dans les États soumis à sa domination; après lui, Philippe V, Louis XI, Henri II rendirent des ordonnances pour le même objet : la demande en fut renouvelée dans les états généraux d'alors; la grande charte d'Angleterre, signée en 1215 par Jean Sans Terre, prescrit une semblable uniformité pour ce pays. Enfin Turgot et Necker essayèrent d'en reproduire la proposition en France; mais toutes ces tentatives sont demeurées sans effet. » (Rapport de Prieur de la Côte-d'Or.)

Avant 1789, la livre de Paris était de 16 onces, celle de Marseille de 13, celle de Toulouse de 13 1/2, celle de Lyon de 14. Même diversité pour les mesures.

« La variété et l'inexactitude des mesures, disait Prieur de la Côte-d'Or, opèrent journellement des méprises et des erreurs dont quelques fripons sont avides de profiter.

« Le commerce est jaloux de mériter l'estime. La bonne foi sera donc réclamée par les vendeurs et les consommateurs.

« Aux considérations morales s'en joignent de politiques. *L'unité de la République exige qu'il y ait unité dans les poids et mesures, comme il y a unité dans les monnaies, unité dans le langage, unité dans la législation, unité dans le gouvernement.* Comment les amis de l'égalité pourraient-ils souffrir une bigarrure si incommode de mesures qui conservent encore le souvenir du honteux servage féodal?

« La similitude des mesures dans toute la France, leurs divisions décimales, rendront les combinaisons des spéculateurs bien plus simples, les calculs plus aisés, par conséquent à la portée d'un plus grand nombre de personnes, ce qui est un moyen d'éviter une foule d'abus.

« Mais ce qu'il y a de plus heureux encore, c'est la facilité que le gouvernement trouvera dans l'examen des comptes qui lui seront faits des travaux, des dépenses publiques et généralement de tous les objets économiques. » (11 ventôse an III.)

L'Académie des sciences, chargée de proposer une unité de poids et mesures simple et rationelle, se mit activement à l'œuvre. Elle résolut de prendre pour unité la dix-millionième partie de la distance de l'équateur au pôle, c'est-à-dire la dix-millionième partie du quart du méridien terrestre. Méchain et Delambre mesurèrent à cet effet l'arc de méridien compris entre Dunkerque et Barcelone.

Le 25 novembre 1792, Lalande au nom de l'Académie des sciences fit son rapport à la Convention, et le 1er août 1793, Arbogast, député du Bas-Rhin, exposa le nouveau système.

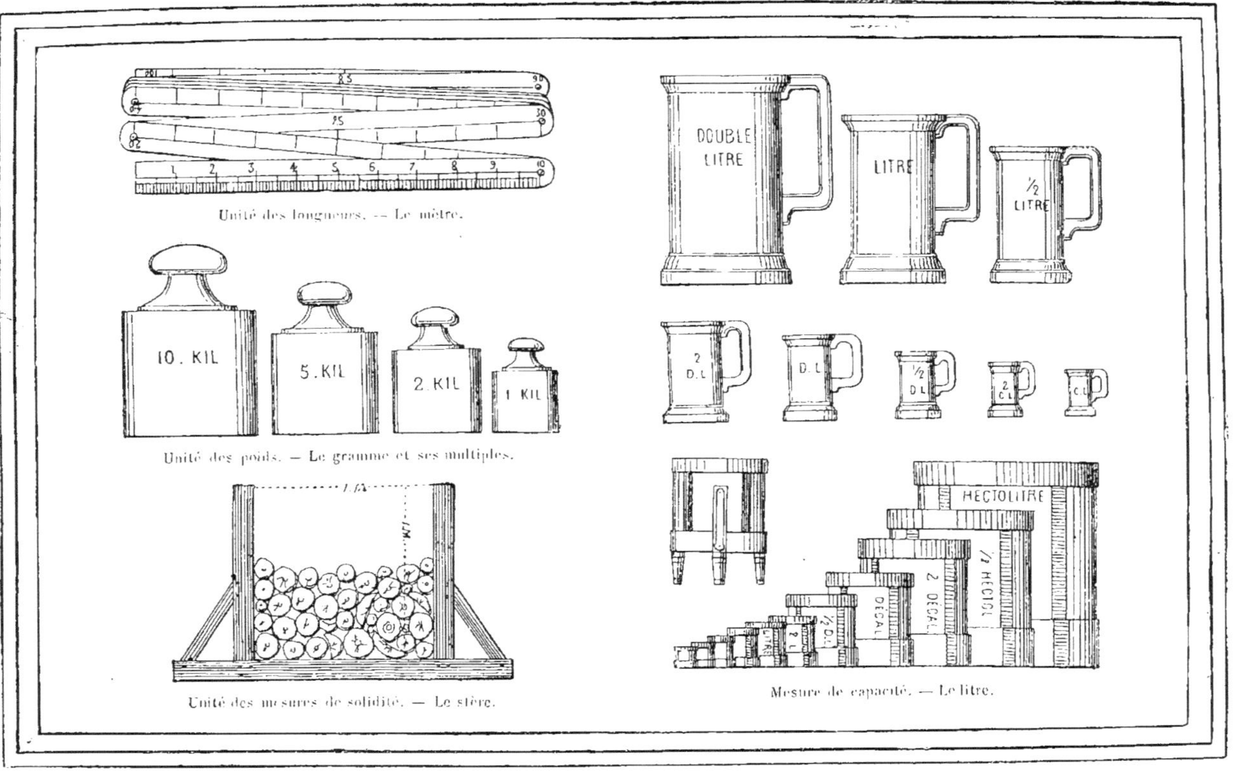

Unité des longueurs. — Le mètre.
10. KIL
5. KIL
2. KIL
1 KIL
Unité des poids. — Le gramme et ses multiples.
1 M
1 M
Unité des mesures de solidité. — Le stère.
DOUBLE LITRE
LITRE
½ LITRE
2 D. L
D. L
½ D. L
2 C. L
C. L
HECTOLITRE
½ HECTOL
2 DÉCAL
DÉCAL
½ D. L
2 L
LITRE
Mesure de capacité. — Le litre.
SYSTÈME MÉTRIQUE

« L'idée de rapporter toutes les mesures à une unité de longueur prise dans la nature, s'est présentée aux mathématiciens, dès l'instant où ils ont connu l'existence d'une telle unité et la possibilité de la déterminer ; ils ont vu que c'était le seul moyen d'exclure tout arbitraire du système des mesures, et d'être sûr de le conserver toujours le même, sans qu'aucun autre événement, qu'aucune révolution dans l'ordre du monde pût y jeter de l'incertitude ; ils ont senti qu'un tel système n'appartenant exclusivement à aucune nation, on pouvait se flatter de le voir adopter par toutes. »

Ici encore éclate le génie cosmopolite de la Révolution qui ne travailla jamais pour la France seule mais pour l'humanité entière.

L'unité des poids et mesures fut décrétée en ces termes :

« Le nouveau système des poids et mesures, fondé sur la mesure du méridien de la terre et la division décimale, servira uniformément dans toute la République. » (1ᵉʳ août 1793.)

L'unité de longueur fut le mètre. Cette unité fondamentale une fois déterminée, on en fit dériver les unités de superficie, capacité, volume, poids, monnaie. Quand on ne prit pas directement le mètre pour base des autres unités, on prit un de ses multiples ou sous-multiples.

L'unité des mesures de superficie ou agraires est un carré dont le côté contient dix mètres. C'est l'are. L'unité des mesures agraires a donc pour base un multiple du mètre (le décamètre).

L'unité des mesures de capacité est un cube qui a pour côté la dixième partie du mètre. C'est le décimètre cube ou litre. L'unité des mesures de capacité a donc pour base un sous-multiple du mètre (le décimètre).

Le litre mesure les liquides et les matières sèches.

L'unité des mesures de solidité est le stère, ou cube d'un mètre de côté. Cette unité a donc pour base le mètre lui-même.

L'unité de poids est le gramme : le gramme pèse autant que l'eau distillée contenue dans un cube d'un centimètre de côté. L'unité de poids a donc pour base un sous-multiple du mètre (le centimètre).

Le franc est l'unité de monnaie ; c'est une pièce d'argent alliée d'un dixième de cuivre et qui pèse cinq grammes.

Les unités de chaque sorte étant déterminées, il restait à en fixer les multiples et sous-multiples. La division décimale fut adoptée, comme la plus simple et la plus commode pour le calcul. Il est inutile de s'arrêter plus longtemps sur des choses connues de tous.

Ayant décrété le système métrique, la Convention chargea Prieur de la Côte-d'Or [1] d'aviser aux moyens de l'établir en France.

Elle décida sur sa proposition :

« Il n'y aura qu'un seul étalon des poids et mesures pour toute la République : ce sera une règle de platine sur laquelle sera tracé le mètre qui a été adopté pour l'unité fondamentale de tout le système des mesures. » (11 ventôse an III.)

La Belgique, l'Italie, la Suisse, l'Espagne, le Grand Duché de Bade, la Grèce, une partie de l'Amérique ont adopté notre système métrique.

En 1873, une commission internationale pour adopter un mètre universel se réunit à Paris. L'Angleterre, la Russie, l'Autriche, l'Al-

---

1. *Claude-Antoine Prieur*, né à Auxonne le 2 décembre 1763, entra dans le génie. Officier en 1789, il adopta les principes révolutionnaires, et fut élu par ses compatriotes à la Législative, puis à la Convention. Il fut incarcéré avec Romme à Caen par les Girondins. Rentré à Paris, il fit partie du Comité de salut public et de concert avec Carnot « *organisa la victoire.* » Après le 18 brumaire, il refusa de servir un gouvernement usurpateur, vécut dans la retraite et mourut à Dijon le 11 août 1832.

lemagne, la Bavière, le Wurtemberg, la Suisse, l'Italie, l'Espagne, le
Portugal, la Belgique, la Hollande, le Danemark, la Turquie, les États-
Unis, nombre de gouvernements américains envoyèrent des délégués.
On s'arrêta au mètre français déposé aux archives. Le mètre étalon
doit être en platine irridié. La fusion de l'alliage de platine et d'irri-
dium, qui exige une température supérieure à 2000°, fut confiée à
MM. Sainte-Claire-Deville et Debray. Il s'agissait de fondre 200 kilos
de métal pour fournir des étalons aux états du monde entier. L'opération eut lieu le 6 mai 1873, devant le président de la République, à
l'École normale supérieure.

L'adoption du mètre ne tardera donc pas à devenir générale ; avant
peu elle s'imposera à tout l'univers.

CHAPITRE XXIV

CALENDRIER RÉPUBLICAIN

La Convention rompait avec le passé. Elle fondait des institutions nouvelles, une France nouvelle. A cette société nouvelle, la Convention voulut donner un calendrier nouveau.

Dès la première séance, le 21 septembre 1792, Billaud-Varenne demanda cette réforme.

Deux hommes s'en occupèrent : le conventionnel Romme et le poète Fabre d'Églantine.

Gilbert Romme, né à Riom en 1750, fit en Russie l'éducation du jeune comte Strogonoff; député du Puy-de-Dôme à la Législative, puis à la Convention, membre du Comité d'instruction publique, il fit adopter l'invention du télégraphe. Envoyé en mission près de l'armée de Cherbourg, il fut incarcéré par les Girondins à Caen. Après le 9 thermidor, il protesta contre la réaction. Le 1ᵉʳ prairial an III (20 mai 1795) le peuple ayant envahi la Convention, Romme appuya ses réclamations. Il fut pour ce fait, et quoique étranger à l'émeute, décrété d'arrestation par les thermidoriens, avec ses soi-disant complices Duroy, Bourbotte, qui s'était couvert de gloire en Vendée, Goujon,

Duquesnoy, et le patriote marquis de Soubrany. Le vieux Ruhl se poignarda de désespoir. Romme condamné à mort se frappa d'un couteau au cœur, au cou, au visage ; ses amis se tuèrent avec la même arme, l'un après l'autre. Ainsi périrent les derniers Montagnards. (29 prairial an III, 17 juin 1795.)

Fabre d'Églantine, né à Carcassonne le 28 décembre 1755, artiste et poète, obtint aux Jeux floraux de Toulouse l'églantine d'or, et joignit de ce jour à son nom celui de cette fleur. Sa comédie intitulée « Le Philinte de Molière » remporta un brillant succès (1790). Lié avec Camille Desmoulins et Lacroix, Fabre d'Églantine se jeta dans la politique. Danton, nommé ministre de la justice, le prit pour secrétaire et le fit élire par les Parisiens à la Convention. Fabre d'Églantine, enveloppé dans la ruine des Dantonistes, périt sur l'échafaud le 16 germinal an II (5 avril 1794). C'est lui l'auteur de la chanson si populaire : Il pleut, il pleut, bergère.

Romme et Fabre d'Églantine firent un rapport à la Convention qui vota leur projet le 4 frimaire an II (24 novembre 1793).

Le décret fixe l'ère républicaine à 1792, année où la Convention proclama la République :

« Tous les peuples qui ont occupé l'histoire, disait Romme, ont choisi dans leurs propres annales l'événement le plus saillant pour y rapporter tous les autres comme à une époque fixe. Les Tyriens dataient du recouvrement de leur liberté, les Romains de la fondation de Rome. Les Français datent de la fondation de la liberté et de l'égalité. La Révolution française, féconde, énergique dans ses moyens, vaste, sublime dans ses résultats, formera pour l'historien, pour le philosophe, une de ces grandes époques qui sont placées comme autant de fanaux sur la route éternelle des siècles. »

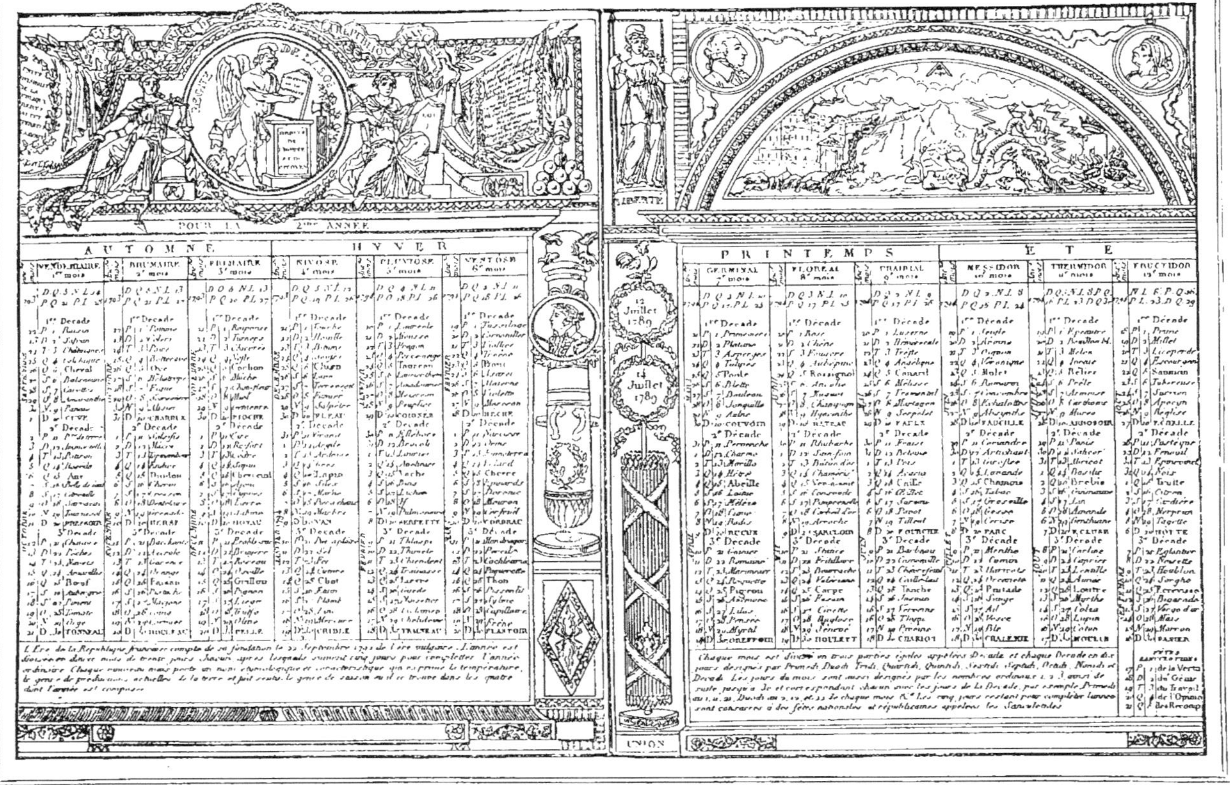

CALENDRIER RÉPUBLICAIN

L'année républicaine commencera au 22 septembre, c'est-à-dire au premier jour de l'automne, « cette saison heureuse où la terre fécondée par le travail et les influences du ciel, prodigue ses dons et paie avec magnificence à l'homme laborieux ses soins, ses fatigues et son industrie. »

« La France, continue Romme, jusqu'en 1564 a commencé l'année à Pâques : un roi imbécile et féroce, le même qui ordonna le massacre de la Saint-Barthélemy, Charles IX, fixa le commencement de l'année au 1er janvier. Cette époque ne s'accorde ni avec les saisons, ni avec les signes, ni avec l'histoire du temps.

« Le cours des événements nombreux de la Révolution française présente une époque frappante et peut-être unique dans l'histoire, par son accord parfait avec les mouvements célestes, les saisons et les traditions anciennes.

« Le 21 septembre 1792, les représentants du peuple, réunis en Convention nationale, ont ouvert leur session et ont prononcé l'abolition de la royauté. Ce jour fut le dernier de la monarchie, il doit être le dernier de l'ère vulgaire et de l'année.

« Le 22 septembre, ce décret fut proclamé à Paris ; ce jour fut décrété le premier de la République, et ce même jour à neuf heures dix-huit minutes, trente secondes du matin, le soleil arriva à l'équinoxe vrai d'automne en entrant dans le signe de la Balance. »

L'année commence donc le 22 septembre ; voyons maintenant de quelle manière elle est partagée. Fabre d'Églantine nous l'expose tout au long dans son rapport :

« Nous avons imaginé de donner à chacun des mois de l'année un nom caractéristique, qui exprimât la température qui lui est propre, le genre de productions actuelles de la terre, et qui tout à la fois fît sentir le genre de saison où il se trouve dans les quatre dont se compose l'année.

« Ce dernier effet est produit par quatre désinences affectées chacune à trois mois consécutifs, et produisant quatre sons dont chacun indique à l'oreille la saison à laquelle il est appliqué.

« Nous avons cherché même à mettre à profit l'harmonie imitative de la langue dans la composition et la prosodie de ces mots, et dans le mécanisme de leurs désinences; de telle manière que les noms des mois qui composent l'automne ont un son grave et une mesure moyenne, ceux de l'hiver un son lourd et une mesure longue, ceux du printemps un son gai et une mesure brève, et ceux de l'été un son sonore et une mesure large.

« Ainsi les trois premiers mois de l'année, qui composent l'automne, prennent leur étymologie, le premier des vendanges, qui ont lieu de septembre en octobre : ce mois se nomme *vendémiaire;* le second des brouillards et des brumes basses qui sont, si je puis m'exprimer ainsi, la transsudation de la nature d'octobre en novembre : ce mois se nomme *brumaire;* le troisième, du froid tantôt sec, tantôt humide, qui se fait sentir de novembre en décembre : ce mois se nomme *frimaire.*

« Les trois mois de l'hiver prennent leur étymologie, le premier de la neige, qui blanchit la terre de décembre en janvier : ce mois se nomme *nivôse;* le second des pluies, qui tombent généralement avec plus d'abondance de janvier en février : ce mois se nomme *pluviôse;* le troisième, des giboulées qui ont lieu et du vent qui vient sécher la terre de février en mars : ce mois se nomme *ventôse.*

« Les trois mois du printemps prennent leur étymologie, le

1755 — FABRE D'ÉGLANTINE — 1794

premier de la fermentation et du développement de la sève, de mars en avril : ce mois se nomme *germinal;* le second de l'épanouissement des fleurs, d'avril en mai : ce mois se nomme *floréal;* le troisième, de la fécondité riante et de la récolte des prairies, de mai en juin : ce mois se nomme *prairial.*

« Les trois mois de l'été enfin prennent leur étymologie, le premier de l'aspect des pays ondoyants et des moissons dorées qui couvrent les champs de juin en juillet : ce mois se nomme *messidor;* le second de la chaleur tout à la fois solaire et terrestre qui embrâse l'air de juillet en août : ce mois se nomme *thermidor;* le troisième des fruits que le soleil dore et mûrit d'août en septembre : ce mois se nomme *fructidor.*

« Il résulte de ces dénominations que par la seule prononciation du nom du mois, chacun sentira parfaitement trois choses : le genre de saison où il se trouve, la température et l'état de la végétation. »

Chaque mois compte trois semaines, chaque semaine dix jours, d'où son nom : *décade.* Les jours de la décade s'appellent *primidi, duodi, tridi, quartidi, quintidi, sextidi, septidi, octidi, nonidi, decadi.*

« L'avantage bien sensible qu'on va retirer de la conservation des nombres ordinaux dans les composés *primidi, duodi,* etc., est que le quantième du mois sera toujours présent à la mémoire sans qu'il soit besoin de recourir au calendrier matériel.

« Par exemple, il suffit de savoir que le jour actuel est *tridi* pour être certain que c'est aussi le 3, ou le 13, ou le 23 du mois. On sait toujours à peu près si le mois est à son commencement, à son milieu ou à sa fin; ainsi l'on dira : *tridi* est le 3 au commencement du mois, le 13 au milieu, le 23 à la fin.

« Les prêtres avaient assigné à chaque jour de l'année la commémoration d'un prétendu saint : ce catalogue ne présentait ni utilité ni méthode; il était le répertoire du mensonge, de la duperie ou du charlatanisme.

« Nous avons pensé que la nation, après avoir chassé cette foule de canonisés de son calendrier, devait y retrouver en place tous les objets qui composent la véritable richesse nationale, les dignes objets, sinon de son culte, au moins de sa culture; les utiles productions de la terre, les instruments dont nous nous servons pour la cultiver, et les animaux domestiques, nos fidèles serviteurs dans ces travaux, animaux bien plus précieux sans doute aux yeux de la raison que les squelettes béatifiés tirés des catacombes de Rome.

« En conséquence, nous avons rangé par ordre dans la colonne de chaque mois les noms des vrais trésors de l'économie rurale : les grains, les pâturages, les arbres, les racines, les fleurs, les fruits, les plantes sont disposés dans le calendrier de manière que la place et le quantième que chaque production occupe, est précisément le temps et le jour où la nature nous en fait présent.

« A chaque *quintidi*, les 5, 15 et 25 de chaque mois, est inscrit un animal domestique, avec rapport précis entre la date de cette inscription et l'utilité réelle de l'animal inscrit.

« Chaque *decadi* est marqué par le nom d'un instrument aratoire, le même dont l'agriculteur se sert au temps précis où il est placé; de sorte que, par opposition, le laboureur dans le jour de repos retrouvera consacré dans le calendrier l'instrument qu'il doit reprendre le lendemain, idée, ce me semble, touchante, qui ne peut qu'attendrir nos nourriciers, et leur montrer enfin qu'avec la République est venu le temps où un laboureur est plus estimé que tous les rois de la terre ensemble, et l'agriculture comme le premier des arts de la société civile.

« Il est aisé de voir qu'au moyen de cette méthode il n'y aura pas de citoyen en France qui dès sa plus tendre jeunesse n'ait fait insensiblement et sans s'en apercevoir, une étude élémentaire de l'économie rurale ; il n'est pas même aujourd'hui de citadin homme fait qui ne puisse en peu de jours apprendre dans le calendrier ce qu'à la honte de nos mœurs il a ignoré jusqu'à cette heure ; apprendre, dis-je, en quel temps la terre nous donne telle production, et en quel temps telle autre. J'ose dire ici que c'est ce que n'ont jamais su bien des gens très instruits dans plus d'une science urbaine, fastueuse ou frivole.

« Je dois observer qu'il est un mois dans l'année où la terre est scellée et communément couverte de neige ; c'est le mois de *nivôse* ; c'est le temps du repos de la terre. Ne pouvant trouver sur sa surface de production végétale et agricole pour figurer dans ce mois, nous y avons substitué les productions, les substances du règne animal et minéral utiles à l'agriculture : nous avons cru que rien de ce qui est précieux à l'économie rurale ne devait échapper aux hommages et aux méditations de tout homme qui veut être utile à sa patrie. »

Il reste, à la fin de l'année républicaine, cinq jours complémentaires appelés *sanculottides* et consacrés à des fêtes républicaines. Fabre d'Églantine critiquait les fêtes religieuses de l'ancien temps :

« Les prêtres, nous dit-il, dans les jours les plus beaux de l'année avaient placé avec profusion des cérémonies triomphales et publiques sous le nom de *Fête-Dieu* ; cérémonies où leur habileté avait introduit tout ce que la mondanité, le luxe et la parure ont de plus séduisant, bien sûrs qu'ils étaient de la dévotion des filles, bien sûrs qu'ils étaient que les coquettes, les vaniteuses avaleraient avec plaisir le poison de la superstition.

« C'est dans le joli mois de mai, c'est au moment où le soleil naissant n'a point encore absorbé la rosée et la fraîcheur de l'aurore, que les prêtres, environnés de superstition et de recueillement, traînaient les peuplades entières et crédules au milieu des campagnes; c'est là que sous le nom de *Rogations*, leur ministère s'interposait entre le ciel et nous; c'est là qu'après avoir à nos yeux déployé la nature dans sa plus grande beauté, qu'après nous avoir étalé la terre dans toute sa parure, ils semblaient nous dire et nous disaient effectivement : — C'est nous prêtres, qui avons reverdi ces campagnes; c'est nous qui fécondons ces champs d'une si belle espérance; c'est par nous que vos greniers se rempliront : croyez-nous, respectez-nous, obéissez-nous, enrichissez-nous; sinon la grêle et le tonnerre dont nous disposons, vous puniront de votre incrédulité, de votre indocilité, de votre désobéissance. — Alors le cultivateur, frappé par la beauté du spectacle et la richesse des images, croyait, se taisait, obéissait et facilement attribuait à l'imposture des prêtres les miracles de la nature. »

Aux fêtes catholiques Fabre d'Églantine substitue des fêtes républicaines. Le premier jour des Sanculottides, le peuple célébrera les inventions nobles et utiles de l'esprit humain. C'est la fête du *Génie;* le second jour est la fête du *Travail,* le troisième la fête des bonnes et grandes actions; le quatrième, des prix sont distribués à ceux qui, soit pour leurs inventions, soit pour leur travail, soit pour leurs actes, ont mérité les bienfaits de la nation. C'est la fête des *Récompenses.* Le cinquième jour est la fête de l'*Opinion.*

« Tant que l'année a duré, les fonctionnaires publics, déposi-
taires de la loi et de la confiance nationale, ont dû prétendre et ont
obtenu le respect du peuple et sa soumission aux ordres qu'ils ont
donnés au nom de la loi; ils ont dû se rendre dignes, non seulement
de ce respect, mais encore de l'estime et de l'amour de tous les
citoyens : s'ils y ont manqué, qu'ils prennent garde à la fête de
l'*Opinion*; malheur à eux! Ils seront frappés non dans leur fortune,
non dans leur personne, non même dans le plus petit droit de
citoyen, mais dans l'opinion. Dans le jour unique et solennel de la
fête de l'Opinion, la loi ouvre la bouche à tous les citoyens sur le
moral, le personnel et les actions des fonctionnaires publics; la loi
donne carrière à l'imagination plaisante et gaie des Français; permis à l'opinion dans ce jour de se manifester sur ce chapitre de
toutes les manières. Les chansons, les allusions, les caricatures,
les pasquinades, le sel de l'ironie, les sarcasmes de la folie, seront
dans ce jour le salaire de celui des élus du peuple qui l'aura trompé
ou qui s'en sera fait mésestimer ou haïr : l'animosité particulière, les
vengeances privées ne sont point à redouter; l'opinion elle-même
ferait justice du téméraire détracteur d'un magistrat estimé.

« C'est ainsi que, par son caractère même, par sa gaieté naturelle,
le peuple français conservera ses droits et sa souveraineté : on corrompt les tribunaux, on ne corrompt pas l'opinion. Nous osons le
dire, ce seul jour de fête contiendra mieux les magistrats dans
leur devoir pendant le cours de l'année que ne le feraient les
lois mêmes de Dracon et tous les tribunaux de France. La plus terrible et la plus profonde des armes françaises contre les Français
c'est le ridicule; le plus politique des tribunaux, c'est celui de l'Opinion; et si l'on veut approfondir cette idée et en combiner l'esprit

avec le caractère national, on trouvera que cette fête de l'Opinion seule est le bouclier le plus efficace contre les abus et les usurpations de toute espèce. »

Dans les années bissextiles, il doit y avoir un sixième jour épagomène ou complémentaire nommé Franciade.

Ce calendrier si poétique, où Fabre d'Églantine avait mis toute la tendresse de son âme, supprimé par Napoléon, cessa d'être en vigueur le 1ᵉʳ janvier 1806.

La Convention, toujours soucieuse de développer l'instruction publique, fit de ce calendrier un moyen d'enseignement primaire. L'instituteur devait chaque jour expliquer en classe les propriétés et les vertus des plantes inscrites sur l'annuaire. Les élèves auraient à la fin de l'année un cours élémentaire de botanique et d'histoire naturelle. C'est ainsi que la Convention travaillait avec une admirable sollicitude à l'instruction du peuple.

CALENDRIER RÉPUBLICAIN

—

<table>
<tr><td colspan="2">VENDÉMIAIRE</td><td colspan="2">BRUMAIRE</td></tr>
<tr><td colspan="2">Signe de la Balance.</td><td colspan="2">Signe du Scorpion.</td></tr>
<tr><td>1 Primidi,</td><td>Raisin.</td><td>1 Primidi,</td><td>Pomme.</td></tr>
<tr><td>2 Duodi,</td><td>Safran.</td><td>2 Duodi,</td><td>Céleri.</td></tr>
<tr><td>3 Tridi,</td><td>Châtaigne.</td><td>3 Tridi,</td><td>Poire.</td></tr>
<tr><td>4 Quartidi,</td><td>Colchique.</td><td>4 Quartidi,</td><td>Betterave.</td></tr>
<tr><td>5 Quintidi,</td><td>Cheval.</td><td>5 Quintidi,</td><td>Oie.</td></tr>
<tr><td>6 Sextidi,</td><td>Balsamine.</td><td>6 Sextidi,</td><td>Héliotrope.</td></tr>
<tr><td>7 Septidi,</td><td>Carotte.</td><td>7 Septidi,</td><td>Figue.</td></tr>
<tr><td>8 Octidi,</td><td>Amarante.</td><td>8 Octidi,</td><td>Scorsonère.</td></tr>
<tr><td>9 Nonidi,</td><td>Panais.</td><td>9 Nonidi,</td><td>Alisier.</td></tr>
<tr><td>10 Decadi,</td><td>CUVE.</td><td>10 Decadi,</td><td>CHARRUE.</td></tr>
<tr><td>11 Primidi,</td><td>Pomme de terre.</td><td>11 Primidi,</td><td>Salsifis.</td></tr>
<tr><td>12 Duodi,</td><td>Immortelle.</td><td>12 Duodi,</td><td>Macre.</td></tr>
<tr><td>13 Tridi,</td><td>Potiron.</td><td>13 Tridi,</td><td>Topinambour.</td></tr>
<tr><td>14 Quartidi,</td><td>Réséda.</td><td>14 Quartidi,</td><td>Endive.</td></tr>
<tr><td>15 Quintidi,</td><td>Ane.</td><td>15 Quintidi,</td><td>Dindon.</td></tr>
<tr><td>16 Sextidi,</td><td>Belle de nuit.</td><td>16 Sextidi,</td><td>Chervis.</td></tr>
<tr><td>17 Septidi,</td><td>Citrouille.</td><td>17 Septidi,</td><td>Cresson.</td></tr>
<tr><td>18 Octidi,</td><td>Sarrasin.</td><td>18 Octidi,</td><td>Dentelaire.</td></tr>
<tr><td>19 Nonidi,</td><td>Tournesol.</td><td>19 Nonidi,</td><td>Grenade.</td></tr>
<tr><td>20 Decadi,</td><td>PRESSOIR.</td><td>20 Decadi,</td><td>HERSE.</td></tr>
<tr><td>21 Primidi,</td><td>Chanvre.</td><td>21 Primidi,</td><td>Bacchante.</td></tr>
<tr><td>22 Duodi,</td><td>Pêche.</td><td>22 Duodi,</td><td>Azerole.</td></tr>
<tr><td>23 Tridi,</td><td>Navet.</td><td>23 Tridi,</td><td>Garance.</td></tr>
<tr><td>24 Quartidi,</td><td>Amaryllis.</td><td>24 Quartidi,</td><td>Orange.</td></tr>
<tr><td>25 Quintidi,</td><td>Bœuf.</td><td>25 Quintidi,</td><td>Faisan.</td></tr>
<tr><td>26 Sextidi,</td><td>Aubergine.</td><td>26 Sextidi,</td><td>Pistache.</td></tr>
<tr><td>27 Septidi,</td><td>Piment.</td><td>27 Septidi,</td><td>Macjone.</td></tr>
<tr><td>28 Octidi,</td><td>Tomate.</td><td>28 Octidi,</td><td>Coin.</td></tr>
<tr><td>29 Nonidi,</td><td>Orge.</td><td>29 Nonidi,</td><td>Cormier.</td></tr>
<tr><td>30 Decadi,</td><td>TONNEAU.</td><td>30 Decadi,</td><td>ROULEAU.</td></tr>
</table>

16

FRIMAIRE

Signe du Sagittaire.

1	Primidi,	Raiponce.
2	Duodi,	Turneps.
3	Tridi,	Chicorée.
4	Quartidi,	Nèfle.
5	Quintidi,	*Cochon.*
6	Sextidi,	Mâche.
7	Septidi,	Choufleur.
8	Octidi,	Miel.
9	Nonidi,	Genièvre.
10	*Decadi,*	PIOCHE.
11	Primidi,	Cire.
12	Duodi,	Raifort.
13	Tridi,	Cèdre.
14	Quartidi,	Sapin.
15	Quintidi,	*Chevreuil.*
16	Sextidi,	Ajonc.
17	Septidi,	Cyprès.
18	Octidi,	Lierre.
19	Nonidi,	Sabine.
20	*Decadi,*	HOYAU.
21	Primidi,	Erable.
22	Duodi,	Bruyère.
23	Tridi,	Roseau.
24	Quartidi.	Oseille.
25	Quintidi.	*Grillon.*
26	Sextidi.	Pignon
27	Septidi.	Liège.
28	Octidi,	Truffe.
29	Nonidi.	Olive.
30	*Decadi,*	PELLE.

NIVOSE

Signe du Capricorne.

1	Primidi,	Tourbe.
2	Duodi,	Houille.
3	Tridi,	Bitume.
4	Quartidi,	Soufre.
5	Quintidi,	*Chien.*
6	Sextidi,	Lave.
7	Septidi,	Terre végétale.
8	Octidi,	Fumier.
9	Nonidi,	Salpêtre.
10	*Decadi,*	FLÉAU.
11	Primidi,	Granit.
12	Duodi,	Argile.
13	Tridi,	Ardoise.
14	Quartidi,	Grès.
15	Quintidi,	*Lapin.*
16	Sextidi,	Silex.
17	Septidi,	Marne.
18	Octidi,	Pierre à chaux.
19	Nonidi,	Marbre.
20	*Decadi,*	VAN.
21	Primidi,	Pierre à plâtre.
22	Duodi,	Sel.
23	Tridi,	Fer.
24	Quartidi,	Cuivre.
25	Quintidi,	*Chat.*
26	Sextidi,	Étain.
27	Septidi,	Plomb.
28	Octidi,	Zinc.
29	Nonidi,	Mercure.
30	*Decadi,*	CRIBLE.

PLUVIOSE

Signe du Verseau.

1 Primidi, Lauréole.
2 Duodi, Mousse.
3 Tridi, Fragon.
4 Quartidi, Perce-neige.
5 Quintidi, *Taureau.*
6 Sextidi, Laurier-tin.
7 Septidi, Amadouvier.
8 Octidi, Mézéréum.
9 Nonidi, Peuplier.
10 *Decadi,* COGNÉE.

11 Primidi, Éllébore.
12 Duodi, Brocoli.
13 Tridi, Laurier.
14 Quartidi, Avelinier.
15 Quintidi, *Vache.*
16 Sextidi, Buis.
17 Septidi, Lichen.
18 Octidi, I.
19 Nonidi, Pulmonaire.
20 *Decadi,* SERPETTE.

21 Primidi, Thlaspi.
22 Duodi, Thymèle.
23 Tridi, Chiendent.
24 Quartidi, Traînasse.
25 Quintidi, *Lierre.*
26 Sextidi, Guède.
27 Septidi, Noisetier.
28 Octidi, Cyclamen.
29 Nonidi, Chélidoine.
30 *Decadi,* TRAINEAU.

VENTOSE

Signe des Poissons.

1 Primidi, Tussilage.
2 Duodi, Cornouiller.
3 Tridi, Violier.
4 Quartidi, Troëne.
5 Quintidi, *Bouc.*
6 Sextidi, Asaret.
7 Septidi, Alaterne.
8 Octidi, Violette.
9 Nonidi, Marsault.
10 *Decadi,* BÊCHE.

11 Primidi, Narcisse.
12 Duodi, Orme.
13 Tridi, Fumeterre.
14 Quartidi, Vélar.
15 Quintidi, *Chèvre.*
16 Sextidi, Épinard.
17 Septidi, Doronic.
18 Octidi, Mouron.
19 Nonidi, Cerfeuil.
20 *Decadi,* CORDEAU.

21 Primidi, Mandragore.
22 Duodi, Persil.
23 Tridi, Cochléaria.
24 Quartidi, Pâquerette.
25 Quintidi, *Thon.*
26 Sextidi, Pissenlit.
27 Septidi, Sylvie.
28 Octidi, Capillaire.
29 Nonidi, Frêne.
30 *Decadi,* PLANTOIR.

GERMINAL

Signe du Bélier.

1 Primidi,   Primevère.
2 Duodi,   Platane.
3 Tridi,   Asperge.
4 Quartidi, Tulipe.
5 Quintidi, *Coq.*
6 Sextidi,   Bette.
7 Septidi,   Bouleau.
8 Octidi,   Jonquille.
9 Nonidi,   Aulne.
10 *Decadi,* Greffoir.

11 Primidi,   Pervenche.
12 Duodi,   Charme.
13 Tridi,   Morille.
14 Quartidi, Hêtre.
15 Quintidi, *Poule.*
16 Sextidi,   Laitue.
17 Septidi,   Mélèze.
18 Octidi,   Ciguë.
19 Nonidi,   Radis.
20 *Decadi,* Ruche.

21 Primidi,   Gainier.
22 Duodi,   Romaine.
23 Tridi,   Marronnier.
24 Quartidi, Roquette.
25 Quintidi, *Pigeon.*
26 Sextidi,   Lilas.
27 Septidi,   Anémone.
28 Octidi,   Pensée.
29 Nonidi,   Myrtille.
30 *Decadi,* Couvoir.

FLORÉAL

Signe du Taureau.

1 Primidi,   Rose.
2 Duodi,   Chêne.
3 Tridi,   Fougère.
4 Quartidi, Aubépine.
5 Quintidi, *Abeille.*
6 Sextidi,   Ancolie.
7 Septidi,   Muguet.
8 Octidi,   Champignon.
9 Nonidi,   Hyacinthe.
10 *Decadi,* Rateau.

11 Primidi,   Rhubarbe.
12 Duodi,   Sainfoin.
13 Tridi,   Bâton-d'or.
14 Quartidi, Chamérisier.
15 Quintidi, *Ver-à-soie.*
16 Sextidi,   Consoude.
17 Septidi,   Pimprenelle.
18 Octidi,   Corbeille d'or.
19 Nonidi,   Arroche.
20 *Decadi,* Sarcloir.

21 Primidi,   Staticé.
22 Duodi,   Fritillaire.
23 Tridi,   Bourrache.
24 Quartidi, Valériane.
25 Quintidi, *Carpe.*
26 Sextidi,   Fusain.
27 Septidi,   Civette.
28 Octidi,   Buglose.
29 Nonidi,   Sénevé.
30 *Decadi,* Houlette.

PRAIRIAL

Signe des Gémeaux.

1	Primidi,	Luzerne.
2	Duodi,	Hémérocalle.
3	Tridi,	Trèfle.
4	Quartidi,	Angélique.
5	Quintidi,	*Canard.*
6	Sextidi,	Mélisse.
7	Septidi,	Fromental.
8	Octidi,	Martagon.
9	Nonidi,	Tilleul.
10	*Decadi,*	FAULX.
11	Primidi,	Fraise.
12	Duodi,	Bétoine.
13	Tridi,	Pois.
14	Quartidi,	Acacia.
15	Quintidi,	*Caille.*
16	Sextidi,	Œillet.
17	Septidi,	Sureau.
18	Octidi,	Pavot.
19	Nonidi,	Serpolet.
20	*Decadi,*	FOURCHE.
21	Primidi,	Barbeau.
22	Duodi,	Camomille.
23	Tridi,	Chèvrefeuille.
24	Quartidi,	Caille-lait.
25	Quintidi,	*Tanche.*
26	Sextidi,	Jasmin.
27	Septidi,	Verveine.
28	Octidi,	Thym.
29	Nonidi,	Pivoine.
30	*Decadi,*	CHARIOT.

MESSIDOR

Signe du Cancer.

1	Primidi,	Seigle.
2	Duodi,	Avoine.
3	Tridi,	Ognon.
4	Quartidi,	Véronique.
5	Quintidi,	*Mulet.*
6	Sextidi,	Romarin.
7	Septidi,	Concombre.
8	Octidi,	Echalotte.
9	Nonidi,	Absynthe.
10	*Decadi,*	FAUCILLE.
11	Primidi,	Coriandre.
12	Duodi,	Artichaut.
13	Tridi,	Giroflée.
14	Quartidi,	Lavande.
15	Quintidi,	*Jumart.*
16	Sextidi,	Tabac.
17	Septidi,	Groseille.
18	Octidi,	Orge.
19	Nonidi,	Cerise.
20	*Decadi,*	PARC.
21	Primidi,	Menthe.
22	Duodi,	Cumin.
23	Tridi,	Haricot.
24	Quartidi,	Orcanète.
25	Quintidi,	*Pintade.*
26	Sextidi,	Sauge.
27	Septidi,	Ail.
28	Octidi,	Vesce.
29	Nonidi,	Blé.
30	*Decadi,*	CHALÉMIE.

<table>
<tr><td colspan="2">THERMIDOR</td><td colspan="2">FRUCTIDOR</td></tr>
<tr><td colspan="2">Signe du Lion.</td><td colspan="2">Signe de la Vierge.</td></tr>
<tr><td>1 Primidi,</td><td>Épeautre.</td><td>1 Primidi,</td><td>Prune.</td></tr>
<tr><td>2 Duodi,</td><td>Bouillon-blanc.</td><td>2 Duodi,</td><td>Millet.</td></tr>
<tr><td>3 Tridi,</td><td>Melon.</td><td>3 Tridi,</td><td>Lycoperde.</td></tr>
<tr><td>4 Quartidi,</td><td>Ivraie.</td><td>4 Quartidi,</td><td>Escourgeon.</td></tr>
<tr><td>5 Quintidi,</td><td>Bélier.</td><td>5 Quintidi,</td><td>Saumon.</td></tr>
<tr><td>6 Sextidi,</td><td>Prêle.</td><td>6 Sextidi,</td><td>Tubéreuse.</td></tr>
<tr><td>7 Septidi,</td><td>Armoise.</td><td>7 Septidi,</td><td>Sucrion.</td></tr>
<tr><td>8 Octidi,</td><td>Carthame.</td><td>8 Octidi,</td><td>Apocyn.</td></tr>
<tr><td>9 Nonidi,</td><td>Mûre.</td><td>9 Nonidi,</td><td>Réglisse.</td></tr>
<tr><td>10 Decadi,</td><td>ARROSOIR.</td><td>10 Decadi,</td><td>ÉCHELLE.</td></tr>
<tr><td>11 Primidi,</td><td>Panis.</td><td>11 Primidi,</td><td>Pastèque.</td></tr>
<tr><td>12 Duodi,</td><td>Salicot.</td><td>12 Duodi,</td><td>Fenouil.</td></tr>
<tr><td>13 Tridi,</td><td>Abricot.</td><td>13 Tridi,</td><td>Epine-vinette.</td></tr>
<tr><td>14 Quartidi,</td><td>Basilic.</td><td>14 Quartidi,</td><td>Noix.</td></tr>
<tr><td>15 Quintidi,</td><td>Brebis.</td><td>15 Quintidi,</td><td>Goujon.</td></tr>
<tr><td>16 Sextidi,</td><td>Guimauve.</td><td>16 Sextidi,</td><td>Orange.</td></tr>
<tr><td>17 Septidi,</td><td>Lin.</td><td>17 Septidi,</td><td>Cardière.</td></tr>
<tr><td>18 Octidi,</td><td>Amande.</td><td>18 Octidi,</td><td>Nerprun.</td></tr>
<tr><td>19 Nonidi,</td><td>Gentiane.</td><td>19 Nonidi,</td><td>Tagette.</td></tr>
<tr><td>20 Decadi,</td><td>ÉCLUSE.</td><td>20 Decadi,</td><td>HOTTE.</td></tr>
<tr><td>21 Primidi,</td><td>Carline.</td><td>21 Primidi,</td><td>Églantier.</td></tr>
<tr><td>22 Duodi,</td><td>Câprier.</td><td>22 Duodi,</td><td>Noisette.</td></tr>
<tr><td>23 Tridi,</td><td>Lentille.</td><td>23 Tridi,</td><td>Houblon.</td></tr>
<tr><td>24 Quartidi,</td><td>Aunée.</td><td>24 Quartidi,</td><td>Sorgho.</td></tr>
<tr><td>25 Quintidi,</td><td>Agneau.</td><td>25 Quintidi,</td><td>Écrevisse.</td></tr>
<tr><td>26 Sextidi,</td><td>Myrte.</td><td>26 Sextidi,</td><td>Bigarade.</td></tr>
<tr><td>27 Septidi,</td><td>Colza.</td><td>27 Septidi,</td><td>Verge d'or.</td></tr>
<tr><td>28 Octidi,</td><td>Lupin.</td><td>28 Octidi,</td><td>Maïs.</td></tr>
<tr><td>29 Nonidi,</td><td>Coton.</td><td>29 Nonidi,</td><td>Marron.</td></tr>
<tr><td>30 Decadi,</td><td>MOULIN.</td><td>30 Decadi,</td><td>CORBEILLE.</td></tr>
</table>

JOURS COMPLÉMENTAIRES

<table>
<tr><td>1 Primidi,</td><td>La Vertu.</td><td>4 Quartidi,</td><td>L'Opinion.</td></tr>
<tr><td>2 Duodi,</td><td>Le Génie.</td><td>5 Quintidi,</td><td>La Récompense.</td></tr>
<tr><td>3 Tridi,</td><td>Le Travail.</td><td>6 Sextidi,</td><td>FRANCIADE.</td></tr>
</table>

CHAPITRE XXV

LE TÉLÉGRAPHE

C'est le 1er avril 1793 à la Convention.

Un tumulte affreux remplit la salle. Montagne et Gironde s'attaquent. Les affaires vont mal en Belgique : Dumouriez, vaincu à Nerwinde, trahit, complote avec l'Autriche de rétablir la royauté. Lasource accuse Danton de connivence avec le général. Danton escalade en rugissant la tribune et lance à son adversaire une foudroyante réplique. Les Montagnards accueillent son discours de frénétiques applaudissements ; les Girondins crient au Cromwell ; les deux partis se jettent l'épithète de traîtres. Marat saisit le moment ; il propose et l'assemblée vote cette loi terrible :

« La Convention nationale, considérant que le salut du peuple est la suprême loi, décrète que, sans avoir égard à l'inviolabilité d'un représentant de la nation française, elle décrètera d'accusation celui ou ceux de ses membres contre lesquels il y aura de fortes présomptions de complicité avec les ennemis de la liberté, de l'égalité et du gouvernement républicain. »

C'est dans cette orageuse séance que Gilbert Romme fit à la Convention son rapport sur le télégraphe aérien.

Telle est la physionomie que présentent les séances. On s'occupe d'abord de la politique actuelle, des événements du jour; on s'insulte; ce sont des luttes homériques. Puis l'effroyable tempête se calme; et tous, Montagnards, Girondins, avec le plus grand sang-froid, discutent d'immortelles créations civiles. Ces gens qui se guillotineront demain, travaillent aujourd'hui côte à côte, divisés par la haine, unis par l'amour de la Révolution et de la France.

Écoutons le rapport de Romme :

« Dans tous les temps, on a senti la nécessité d'un moyen rapide et sûr de correspondre à de grandes distances. C'est surtout dans les guerres de terre et de mer qu'il importe de faire connaître les événements nombreux qui se succèdent, de transmettre des ordres, d'annoncer des secours à une ville, à un corps de troupes qui serait investi. L'histoire renferme le souvenir de plusieurs procédés conçus dans ces vues; mais la plupart ont été abandonnés comme incomplets et d'une exécution trop difficile. Un seul a paru mériter votre attention. Le citoyen Chappe offre un moyen ingénieux d'écrire en l'air, en y déployant des caractères très peu nombreux, simples comme la ligne droite dont ils se composent, très distincts entre eux, d'une exécution rapide et sensibles à de grandes distances. A cette première partie de son procédé il joint une sténographie usitée dans les correspondances diplomatiques. Les agents intermédiaires employés dans le procédé du citoyen Chappe ne pourraient en aucune manière trahir le secret de la correspondance, car la valeur sténographique des signaux leur serait inconnue. »

La Convention vote 6000 livres pour essayer le télégraphe aérien.

L'appareil consiste en un mât vertical de quatre à cinq mètres qui s'élève au-dessus d'une tourelle ; à l'extrémité du mât se trouve un fléau nommé *régulateur*, qui tourne en son milieu et peut prendre toutes les inclinaisons possibles. A chaque bout du fléau se trouve un nouveau bras nommé *indicateur*, qui tourne aussi en son milieu et prend toutes les inclinaisons possibles. Les différentes positions du *régulateur* et des *indicateurs* donnent 192 figures combinées de manière à former un vocabulaire de 36 864 signes.

Claude Chappe, né à Brûlon dans le Maine en 1763, installe une première ligne télégraphique de Paris à Lille. Elle est inaugurée le 30 août 1794 par l'annonce d'un succès que vient de remporter, sur les Autrichiens, le général Jourdan :

Dans la séance du 30 août, la Convention reçoit la dépêche suivante :

« Nous venons de prendre Condé. La reddition a eu lieu ce matin à six heures. »

L'assemblée répond :

« L'armée du Nord a bien mérité de la patrie. »

En même temps elle fait transmettre un décret portant que Condé s'appellerait Nord-Libre, et pendant cette séance même le télégraphe annonce que le décret parvenu à destination circule dans l'armée.

Charmée de la rapidité extraordinaire des transmissions, l'assemblée ordonne la création de nouvelles lignes.

En 1846, le système de télégraphie aérienne comptait cinq grandes lignes partant de Paris et aboutissant à Lille, Strasbourg, Toulon, Bayonne et Brest. La capitale recevait les nouvelles de Lille (222 kilomètres) en deux minutes; de Brest (596 kil.) en six minutes cinquante secondes, de Toulon (840 kil.) en treize minutes cinquante secondes.

Le télégraphe électrique supprima la télégraphie aérienne. Mais celle-ci rendit à nos pères d'inappréciables services. Ils durent ce bienfait à la Convention.

CHAPITRE XXVI

L'AÉROSTATION APPLIQUÉE A LA GUERRE

(LES BALLONS A LA BATAILLE DE FLEURUS)

En 1782, un papetier d'Annonay, Joseph Montgolfier, se trouvant dans la ville d'Avignon, construisit un ballon en taffetas, en chauffa l'intérieur avec du papier brûlé et le vit s'élever jusqu'à la hauteur de douze mètres. L'année suivante il recommença son expérience qui réussit pleinement. Les aérostats étaient inventés.

A l'air raréfié par la chaleur, le physicien Charles substitua le gaz hydrogène, dont on se sert encore aujourd'hui pour gonfler les ballons.

Sous la Convention, le député montagnard Guyton de Morveau, un des plus grands chimistes de l'époque, proposa au comité de Salut public d'employer les aérostats à observer les armées ennemies. On accueillit son idée et on décida la création d'une compagnie d'aérostiers, dont un jeune physicien, Jean Coutelle, du Mans, fut nommé capitaine. Il fit construire un ballon de 30 mètres de circonférence, retenu captif par des cordes que manœuvraient les aérostiers. Coutelle se transporta lui et ses hommes à l'armée de Sambre-et-Meuse. qui assiégeait Charleroi. La ville, vivement pressée par le général Jourdan et le représentant du peuple Saint-Just, se rendit le 7 messidor an II (26 juin 1794).

Le lendemain 8 messidor, les Français quatre fois rejetés en deçà

BATAILLE DE FLEURUS

de la Sambre, aiguillonnés par l'indomptable Saint-Just, franchissent cette rivière pour la cinquième fois et marchent sur les Autrichiens du prince de Cobourg. La bataille de Fleurus se livre sur un demi-cercle de dix lieues d'étendue. Kléber commande notre gauche. Championnet, Lefebvre, Marceau le centre et la droite. La lutte fut acharnée, mais la victoire décisive : elle nous livra la Belgique. Pendant la mêlée, Coutelle resta neuf heures en observation dans son aérostat, et malgré les oscillations de la nacelle il put distinguer les mouvements de l'ennemi.

« Certainement ce n'est pas l'aérostat, dit-il, qui nous a fait gagner la bataille; cependant je dois avouer qu'il gênait beaucoup les Autrichiens, qui croyaient ne pouvoir faire un pas sans être aperçus, et que de notre côté l'armée voyait avec plaisir cette arme inconnue qui lui donnait confiance et gaieté. »

Coutelle organisa une autre compagnie d'aérostiers pour l'armée du Rhin, et les ascensions qu'il fit devant les places de Mannheim et de Mayence, rendirent de grands services.

En 1798, nommé chef de bataillon, il suivit Bonaparte en Égypte avec deux compagnies d'aérostiers. Mais tout leur équipage périt à la bataille d'Aboukir, dans l'incendie du vaisseau l'*Orient*. Coutelle ne s'occupa plus que de sciences avec la commission des arts dont il était membre. Il remonta jusqu'aux cataractes du Nil, visita Memphis et ses pyramides, Thèbes, Luxor et ses obélisques.

L'emploi des ballons à la guerre fut abandonné.

CHAPITRE XXVII

LE JURY DES ARTS

L'Académie des beaux-arts avait été fondée en 1648.

C'était une espèce de corporation composée de soixante membres, peintres, sculpteurs, architectes. Ils se réservaient pour eux seuls le droit d'exécuter les commandes que le gouvernement pouvait faire.

La Convention abolit cette compagnie, et décréta qu'à l'avenir les œuvres d'art demandées par l'État seraient mises au concours. Ici comme partout, la Convention substituait le mérite à la faveur.

Pour juger les concurrents et choisir entre les artistes ceux qui devaient obtenir les récompenses nationales, la Convention, sur la proposition de David[1], forma le 23 brumaire an II (13 novembre 1793) un *Jury national des arts*.

---

1. Jacques-Louis David, né le 31 août 1748 à Paris, remporta en 1775 le grand prix de Rome. Il entreprit de réformer la peinture en France et de régénérer le goût dans sa patrie. Son tableau des *Horaces* excita le plus vif enthousiasme à Rome; les poètes chantèrent cet ouvrage et la jeunesse romaine orna de verdure la maison qui le renfermait. En 1790, David composa pour la Constituante *le Serment du jeu de paume*. Député de Paris à la Convention et Montagnard, il peignit la mort de Michel Lepele-

David accompagnait son rapport des considérations suivantes :

« Les arts sont l'imitation de la nature dans ce qu'elle a de plus beau, dans ce qu'elle a de plus parfait ; un sentiment naturel à l'homme l'attire vers le même objet. Ce n'est pas seulement en charmant les yeux que les monuments des arts ont atteint leur but, c'est en pénétrant l'âme, c'est en faisant sur l'esprit une impression profonde, semblable à la réalité ; c'est alors que les traits d'héroïsme, de vertus civiques, offerts aux regards du peuple, électriseront son âme et feront germer en lui toutes les passions de la gloire, de dévouement pour le salut de la patrie. Il faut donc que l'artiste ait étudié tous les ressorts du cœur humain ; il faut qu'il ait une grande connaissance de la nature ; il faut en un mot qu'il soit philosophe. Socrate, habile sculpteur, Jean-Jacques, bon musicien, l'immortel Poussin traçant sur la toile les plus sublimes leçons de la philosophie, sont autant de témoins qui prouvent que le génie des arts ne doit avoir d'autre guide que le flambeau de la raison.

« Si l'artiste doit être pénétré de ces sentiments, le juge doit l'être encore davantage. Votre comité a pensé qu'à cette époque où les arts doivent se régénérer comme les mœurs, abandonner aux artistes seuls le jugement des productions du génie, ce serait les laisser dans l'ornière de la routine où ils se sont traînés. C'est aux âmes fortes qui ont le sentiment du vrai, du grand, que donne l'étude de la nature, à donner une impulsion nouvelle aux arts, en

tier et de Marat. Incarcéré après le 9 thermidor, comme ami de Robespierre, il rentra dans la vie privée. En grande faveur sous l'Empire, il fut exilé par Louis XVIII. Le roi de Prusse lui fit de brillantes offres qu'il refusa. David mourut à Bruxelles le 29 décembre 1825.

les ramenant aux principes du vrai beau. C'est d'après ces vues
que votre comité me charge de vous présenter la liste suivante
pour former le Jury. national des arts. »

A côté des peintres (Fragonard, Prudhon, Gérard), des sculp-
teurs et des architectes, ce jury comptait des gens de lettres,
Lebrun, Laharpe; des savants, Monge, Vicq d'Azyr; des acteurs,
Monvel, Lays, Talma; Ronsin, général de l'armée révolutionnaire;
Hébert, substitut du procureur de la Commune; un jardinier,
Thouin, un cultivateur, Cels, et un cordonnier, Hazard.

. Nombre de ces gens-là, dira-t-on, ne voyaient goutte aux choses
de l'art. La Convention ne l'ignorait pas. En prenant les membres
du jury dans les conditions les plus diverses, que voulait-elle donc ?
Intéresser aux arts toutes les classes de la société : « C'était un
moyen d'apprendre au peuple qu'il avait le droit et surtout le devoir
de s'intéresser à toutes les œuvres de l'esprit et que le respect de
la science, de l'art et des lettres, devait être une partie de son patriotisme. » (E. Despois.)

Tandis que la Convention constituait le Jury des arts, le comité
de Salut-public, par un arrêté du 6 floréal an II, invitait les artistes
à représenter les scènes les plus glorieuses de la Révolution et
promettait des prix aux œuvres les plus distinguées.

« Le jugement du concours, dit M. E. Despois, eut pour résultat
une série de prix et de récompenses décernés dont le total s'éleva
à 442 000 livres. Pour ne parler ici que des peintres, Gérard
obtint le premier prix, de 20 000 livres, pour son esquisse du *Dix-
août*; Vincent, le second, de 10 000 livres, pour une *Scène vendéenne*.
Mais c'est le chiffre même auquel s'élevaient ces récompenses qui
mérite ici d'être remarqué : 442 000 livres ! Et au milieu de quelle

détresse financière! Je voudrais qu'on pût citer une seule année où l'ancien régime se soit montré aussi libéral envers les arts que cette Convention tant décriée. J'ai vu un compte où un portrait de Louis XIV était payé à Mignard la modeste somme de 300 francs. Il faut convenir que la Convention était plus généreuse. »

CHAPITRE XXVIII

EXPOSITIONS DES BEAUX-ARTS

Sous l'ancien régime, les artistes, peintres, sculpteurs, architectes faisaient comme de nos jours des expositions publiques de leurs œuvres.

Le premier « salon », pour employer le mot qui a cours aujourd'hui, fut ouvert au Palais-Royal, sous le règne de Louis XIV, en 1673.

En 1699, l'architecte Mansart[1] obtint du grand roi que les expositions auraient lieu dans la grande galerie du Louvre. D'abord irrégulières et peu nombreuses, les expositions publiques des beaux-arts ne devinrent périodiques qu'avec le xviiie siècle.

Malgré ce perfectionnement elles laissaient encore bien à désirer ; un grand nombre d'artistes en étaient exclus. Soumettre ses ouvrages à l'appréciation du public était alors le privilège de quelques-

1. Jules Hardouin-Mansart, né à Paris le 16 avril 1646, mort à Marly le 11 mai 1708 construisit les châteaux de Marly, du Grand-Trianon, de Versailles, de Saint-Cyr, la place Vendôme, la place des Victoires, le dôme des Invalides.

uns, et non le droit de tous. Les membres de l'Académie des beaux-arts se réservaient pour eux seuls le monopole des expositions. Ainsi tout artiste qui n'avait pas le bonheur d'être académicien, eût-il un talent merveilleux, eût-il composé un tableau superbe ou une statue extraordinaire, se voyait impitoyablement fermer les portes du salon. L'Académie de peinture et de sculpture ne semblait pas admettre qu'il pût y avoir du génie hors de son sein.

L'Assemblée constituante en jugea d'autre sorte. De même qu'elle avait reconnu à tout homme le droit de manifester ses idées, elle reconnut à tout artiste le droit d'en appeler au jugement public ; comme elle permit la publicité des livres et des écrits, elle permit la publicité des œuvres artistiques ; à côté de la liberté de la Presse, elle proclama la liberté des arts.

La première exposition non privilégiée eut lieu au Louvre en septembre 1791, la seconde en 1793.

En 1789, dernière année de privilège, « l'explication des peintures et sculptures exposées par Messieurs de l'Académie royale » comptait trois cent cinquante numéros ; celle de 1791 en compta sept cent quatre-vingt-quatorze ; celle de 1793 plus de mille ; celle de 1795 atteignit le chiffre de trois mille quarante-huit numéros.

C'est ce qui faisait dire à un savant critique, M. Renouvier :

« Il faudrait peut-être remonter jusqu'à la Renaissance pour retrouver un mouvement dans l'art aussi intéressant et aussi plein d'expansion.

CHAPITRE XXIX

MUSÉE NATIONAL DU LOUVRE

Avant 1789, la France ne possédait pas de galerie publique de tableaux : « La France n'en avait pas, dit M. E. Despois, mais le roi en avait une. Le *Cabinet du Roi*, fondé par Colbert et accru par ses soins d'immenses richesses, avait été transporté du Louvre à Versailles. Un écrivain, Lafont de Saint-Yonne, se plaignait que ces chefs-d'œuvre, ensevelis dans de petites salles de Versailles où personne ne pouvait les voir, fussent menacés d'un dépérissement prochain et inévitable. Quant aux chefs-d'œuvre de la sculpture, par exemple les statues du Puget, le Milon et l'Andromède, exposées aux intempéries de l'air dans les jardins de Versailles, ils étaient menacés d'un danger plus grand encore : on ne les négligeait pas, hélas! La propreté nécessaire aux jardins corrects comme ceux de Versailles exigeait qu'on les nettoyât de temps en temps : on les écurait avec du gros sable, comme des chaudrons! »

David, qui savait par expérience combien il est utile aux artistes d'avoir sous les yeux les grands modèles et d'étudier longuement les maîtres, s'occupa très activement de faire créer un musée public.

Vers la fin de 1792, il s'en ouvrait au ministre de l'intérieur Roland qui tomba d'accord avec lui : « Ce musée, disait le Girondin, doit être le développement des grandes richesses que possède la nation en dessins, peintures, sculptures et autres monuments de l'art ; ainsi que je le conçois, il doit attirer les étrangers et fixer leur attention ; il doit nourrir le goût des beaux-arts, recréer les amateurs et servir d'école aux artistes. Il doit être ouvert à tout le monde, et chacun doit pouvoir placer son chevalet devant tel tableau ou telle statue, les dessiner, peindre ou modeler à son gré. Ce monument sera national et il ne sera pas un individu qui n'ait droit d'en jouir. Il fera l'admiration de l'univers. » (7 octobre 1792.)

Le Comité d'instruction publique rassembla au Louvre les chefs-d'œuvre de sculpture, peinture et bibliographie qui se trouvaient disséminés en divers lieux.

« Les recherches, disait Barère à la Convention, ont produit une riche et précieuse collection. C'est avec très peu de dépenses que la commission a recueilli de très grandes valeurs et conquis sur l'ignorance des moines des tableaux précieux. Un tableau original de Rubens a été trouvé couvert de la poussière et de la rouille du temps dans un grenier obscur de Saint-Lazare. Ce tableau est estimé plus de 200 000 livres. » (5 février 1793.)

Quelques mois plus tard, l'Assemblée, sur la proposition de Sergent [1], décréta la création du musée national du Louvre (27 juillet 1793).

---

1. Sergent, né à Chartres le 9 septembre 1751. Obscur et pauvre, il vint jeune à Paris où il exerça le métier de graveur. En 1789, il se jeta avec passion dans le mouvement révolutionnaire et devint secrétaire du club des Jacobins. Il fit rentrer dans l'armée soixante sous-officiers et soldats cassés pour insubordination ; dans le nombre se trouvait le futur maréchal Davoust. Sergent prit une part criminelle aux massacres

Le décret ordonnait de transporter au Louvre les tableaux, statues, vases, meubles précieux, marbres, bustes antiques contenus
dans les maisons ci-devant royales, châteaux, jardins, parcs d'émigrés et autres monuments nationaux.

« Il sera mis à la disposition du ministre de l'intérieur, par la

MUSÉE DU LOUVRE

trésorerie nationale, provisoirement, une somme de 100 000 livres
par an, pour faire acheter dans les ventes particulières les tableaux

de Septembre. Député de Paris à la Convention, il rendit de grands services comme
membre du Comité des arts et de l'instruction publique. Après le 9 thermidor il passa
en Suisse, pour éviter les rigueurs des réactionnaires. A cette époque, il épousa la sœur
du glorieux général Marceau. Rentré en France et persécuté par le gouvernement du
18 brumaire, il se réfugia en Italie, et vécut à Turin, Brescia, Milan, Venise, toujours
pauvre, fier dans sa pauvreté, noble dans l'exil, occupé de travaux d'art, conservant
au fond du cœur l'amour sacré de la Révolution et de la République. Après 1830, le roi
Louis-Philippe, son ancien collègue au club des Jacobins, lui donna une pension de
1800 fr. Sergent mourut à Nice, en juillet 1847, presque centenaire, mais trop tôt pour
saluer l'avènement de la seconde République.

ou statues qu'il importera à la République de ne pas laisser passer dans les pays étrangers et qui seront déposés au musée. »

Le 8 novembre 1793 s'ouvrit au public ce « qu'on peut appeler le musée des nations, l'universel musée du Louvre, où chaque peuple est représenté par son art, par d'immortelles peintures. » (Michelet.)

Le musée du Louvre ne se composa d'abord que de 530 tableaux et d'un certain nombre de sculptures.

La Convention l'enrichit de chefs-d'œuvre étrangers, impôt artistique que l'assemblée leva sur les ennemis vaincus par elle. Ainsi, nos armées du Nord envoyèrent au Louvre 80 Rubens, 17 Van-Dyck, 2 Albert Dürer, 3 Rembrandt, sans compter les Holbein, les Teniers, les van Ostade.

C'est ce qui faisait dire à Grégoire :

« L'école flamande se lève en masse pour venir orner nos musées. »

Le musée du Louvre est aujourd'hui un des plus considérables et des plus riches qui soient au monde. C'est une de nos gloires nationales. N'oublions pas que nous le devons à la Convention.

CHAPITRE XXX

MUSÉE DES MONUMENTS FRANÇAIS

Outre le musée du Louvre, musée universel où chaque peuple est représenté, la Convention ouvrit le 15 fructidor an III (1er septembre 1795) un musée spécialement consacré à la France, le *musée des monuments français*.

Un peintre, Alexandre Lenoir, nommé conservateur du Musée, recueillit quatre à cinq cents objets d'art « incomparables trésors de sculptures tirées des couvents, des palais, des églises, tout un monde de morts historiques sortis de ses chapelles à la puissante voix de la Révolution. » (Michelet.)

C'étaient des autels, des tombeaux, des statues de rois ou de saints, des bustes, des bas-reliefs, rappelant tous les siècles de notre histoire, l'époque gallo-romaine, la période féodale, les temps modernes.

Lenoir y joignit une superbe collection de vitraux provenant des églises.

Tout cela fut rangé, organisé, classé dans un ordre chronologique, dans l'ordre des âges. Lenoir publia une notice considérable qui indiquait à chaque visiteur la date et l'histoire de chaque monument.

Le musée des monuments français prospéra plus de vingt années et ne périt qu'en 1815 avec la Restauration. Louis XVIII dispersa les œuvres d'art réunies par la Convention dans le couvent des Petits-Augustins (aujourd'hui l'École des beaux-arts).

MUSÉE DE CLUNY

« Un gouvernement né de l'étranger se hâta de détruire ce sanctuaire de l'art national. Que d'âmes y avaient pris l'étincelle historique, l'intérêt des grands souvenirs, le vague désir de remonter les âges! Je me rappelle encore l'émotion, toujours la même et toujours vive, qui me faisait battre le cœur, quand, tout petit, j'entrais sous ces voûtes sombres et contemplais ces visages pâles, quand j'allais et

cherchais, ardent, curieux, craintif, de salle en salle et d'âge en âge.
Je cherchais, quoi ? Je ne le sais, la vie d'alors, sans doute, et le
génie des temps. Je n'était pas bien sûr qu'ils ne vécussent point, tous
ces dormeurs de marbre, étendus sur leurs tombes ; et quand des
somptueux monuments du XVIe siècle éblouissants d'albâtre, je
passais à la salle basse des Mérovingiens où se trouvait la croix de
Dagobert, je ne savais pas trop si je ne verrais point se mettre sur
leur séant Chilpéric et Frédégonde. » (Michelet.)

Louis-Philippe répara en partie la destruction du musée des
monuments français, en instituant un musée analogue : le musée
de Cluny. C'était une magnifique collection d'objets du moyen âge
et de la Renaissance, réunie à l'hôtel de Cluny par M. du Som-
merard. A la mort de cet antiquaire (1843), elle fut achetée par
l'État. Ce musée s'est considérablement enrichi depuis quarante ans
et compte aujourd'hui parmi les plus curieux en ce genre.

CHAPITRE XXXI

CONSERVATOIRE DE MUSIQUE

En 1792, la municipalité parisienne réunit 45 musiciens du régiment des gardes-françaises, leur adjoignit 25 exécutants, plus 120 élèves, et les forma en corps de musique sous le nom d'*École gratuite de musique de la garde nationale parisienne*.

Ils devaient concourir aux fêtes publiques. Leur directeur, qui devint plus tard celui du Conservatoire, était Sarrette.

En 1793, une députation des musiciens de la garde nationale vient à la barre de la Convention et réclame l'établissement d'un Institut national de musique. Puis l'orateur des pétitionnaires dit à l'assemblée : « Nous allons vous exécuter l'hymne composé par Chénier et mis en musique par le Tyrtée de la révolution, le citoyen Gossec, qui nous accompagne. » La musique exécute cet hymne, au bruit des applaudissements. « Nos despotes, continue l'orateur, qui ne savaient pas tirer partie du génie français, allaient chercher des artistes chez les Allemands. Il faut sous le règne de la liberté que ce soit parmi les Français qu'on les trouve. »

Décrété le jour même sur la proposition de Chénier (17 brumaire an II, 8 novembre 1793), l'Institut national de Musique fut organisé définitivement le 16 thermidor an III (3 août 1795). Chénier, dans son rapport, rappelait les services rendus par cet institut à la cause révolutionnaire :

« C'est de là que nos chants civiques, disséminés d'un bout de la France à l'autre, allaient jusque chez l'étranger, jusque sous les tentes de l'ennemi, troubler le repos des despotes ligués contre la République. C'est là qu'ont été inspirés ces hymnes brillants et solennels que nos guerriers chantaient sur les monts de l'Argonne, dans les plaines de Jemmapes et de Fleurus, et en forçant les passages des Alpes et des Pyrénées. »

Six cents élèves des deux sexes devaient apprendre gratuitement l'art musical dans cet Institut, qui prit, en 1795, le nom de Conservatoireet qui le garda.

Cinq inspecteurs, Gossec, Grétry, Méhul, Lesueur, Chérubini, surveillaient l'enseignement.

Au Conservatoire fut adjointe une bibliothèque de musique « composée d'une collection complète des partitions et ouvrages traitant de cet art, des instruments antiques et étrangers, et de ceux à nos usages qui peuvent par leur perfection servir de modèles. » (Décret du 16 thermidor.)

Le Conservatoire « est, de tous les établissements de ce genre, celui qui est conçu sur le plan le plus vaste. Il a rendu des services immenses à la nation et formé des milliers d'instrumentistes qui pour l'ensemble, la vigueur, l'élégance de leur exécution, n'ont pas de rivaux dans le monde. » (Escudier, *Dictionnaire de musique*.)

XXXII

O France! Tu couvrais alors toute la terre
Du choc prodigieux de tes rébellions.
Les rois lâchaient sur toi le tigre et la panthère,
    Et toi tu lâchais les lions.

  Alors la République avait quatorze armées.
On luttait sur les monts et sur les océans;
Cent victoires jetaient au vent cent renommées;
    On voyait surgir des géants.

  Alors apparaissaient des aubes rayonnantes;
Des inconnus, soudain éblouissant les yeux,
Se dressaient, et faisaient aux trompettes sonnantes
    Dire leurs noms mystérieux.

  Ils faisaient de leurs jours de sublimes offrandes;
Ils criaient : Liberté! Guerre aux tyrans! Mourons!
Guerre! — et la Gloire ouvrait ses ailes toutes grandes
    Au-dessus de ces jeunes fronts.

v. HUGO (Les Châtiments).

CONVENTION NATIONALE DE FRANCE DE LA REP.que FRAN.se
Citoyen
REPRESENTANT
DU PEUPLE
Membre du Comité
d'Inspection.

TROISIÈME PARTIE

GLOIRE MILITAIRE

TROISIÈME PARTIE

GLOIRE MILITAIRE

CHAPITRE I

LA CONVENTION NE FAIT PAS UNE

GUERRE DE CONQUÊTES

« Il est beau d'envahir une terre nouvelle,
Il est beau de soumettre un pays indompté
Lorsqu'au milieu des rangs marche l'humanité,
Et quand tout cavalier au pommeau de la selle
    Porte avec soi la liberté. »

(A. BARBIER.)

La Convention ne fit pas une guerre de conquêtes; elle ne prétendait pas réunir de force à son empire les peuples étrangers. Ce furent eux qui se donnèrent à nous.

« La Convention, dit Michelet, avait dressé, le 21 septembre, au pavillon des Tuileries, le drapeau de la République. Deux mois n'étaient pas écoulés et tous les peuples environnants l'avaient embrassé, ce drapeau, planté sur les tours de leurs villes.

« Le 24 et 29 septembre, Chambéry, Nice, ouvrent leurs portes, la porte de l'Italie. Mayence, le 24 octobre, reçoit nos armées aux applaudissements de l'Allemagne. Le 14 novembre, le drapeau tricolore est arboré sur Bruxelles; l'Angleterre et la Hollande le voient avec terreur flotter à la tour d'Anvers.

« En deux mois, la Révolution avait, tout autour, inondé ses rivages; elle montait, comme le Nil, salutaire et féconde, parmi les bénédictions des hommes.

« Le plus merveilleux, dans cette conquête admirable, c'est que ce ne fut pas une conquête. Ce ne fut rien autre chose qu'un mutuel élan de fraternité. Deux frères, longtemps séparés, se retrouvent, s'embrassent; voilà cette grande et simple histoire.

« Belle victoire! l'unique! et qui ne s'est revue jamais! Il n'y avait pas de vaincus!

« La France ne donna qu'un coup et la chaîne fut brisée. Elle frappa ce coup à Jemmapes. Elle le frappa avec l'autorité de la foi, en chantant son hymne sacré. Les soldats barbares frémirent dans leurs redoutes, sous trois étages de feux, lorsqu'ils virent venir un chœur de 50 000 hommes qui marchaient à eux en chantant : » Allons, enfants de la Patrie! »

« Tous les peuples répétèrent : « Allons, enfants de la France! » et se jetèrent dans nos bras.

« C'était un spectacle étrange! nos chants faisaient tomber toutes les murailles des villes. Les Français arrivaient aux portes

BATAILLE DE JEMMAPES.

avec le drapeau tricolore, ils les trouvaient ouvertes et ne pouvaient pas passer; tout le monde venait à la rencontre et les reconnaissait sans les avoir jamais vus; les hommes les embrassaient, les femmes les bénissaient, les enfants les désarmaient. On leur arrachait le drapeau et tous disaient : « C'est le nôtre! »

« Grande et bonne journée pour eux! Ils gagnaient par nous en un jour toute la conquête des siècles! Cet héritage de raison et de liberté, pour lequel tant d'hommes soupirèrent en vain, cette terre promise qu'ils auraient voulu entrevoir, au prix de leur vie, la générosité de la France les donnait pour rien à qui en voulait.

« Et les nations, en retour, s'offraient, se donnaient elles-mêmes. Racontons une conquête, celle des portes de l'Italie :

« Le roi de Sardaigne avait fait des préparatifs formidables. Il y avait là sur la frontière, une armée pour envahir la France, une nombreuse artillerie, deux cents canons; les Français en avaient quatre. Il avait de vieilles troupes. Nous, nous n'avions guère que des gardes nationaux. Le général Anselme reçoit ordre d'entrer; c'était, ce semble, ordonner l'impossible : l'impossible se fait sans coup férir. Une flotte française fait mine d'aller prendre les Piémontais par derrière, Anselme ordonne des logements pour 40 000 hommes (il n'en avait pas douze). Cela suffit; la grosse armée recule, Nice se livre. Les forteresses ont hâte de s'ouvrir. Anselme s'en va tout seul avec quatorze dragons, somme Villefranche, la menace et la prend.

« La Savoie nous coûta moins encore; il n'y fallut ni ruse, ni menace. Elle dut sa délivrance à son violent amour pour la cocarde française. Les émigrés, nombreux à Chambéry, insolents, querelleurs, avaient arraché la cocarde tricolore à un négociant. Les savoyards, par représailles, attachèrent la cocarde royaliste à la queue des chiens. Ce fut le commencement de leur révolution. Elle fut unanime, sans contradiction d'un seul homme. Montesquiou, sans attendre son armée, qui suivait lentement, partit au galop pour Chambéry. Tout seul de sa personne, il conquit le pays, entra triomphalement dans cette ville, parmi les cris d'un peuple ivre de joie. Les commissaires de la Convention, qui bientôt le joignirent, furent saisis d'étonnement, profondément émus, en découvrant une France inconnue, une vieille France naïve qui, dans la langue de Henri IV, bégayait la Révolution.

« Du moment que cet excellent peuple apprit que ses libérateurs arrivaient, il n'y eut plus moyen de le retenir. Tout entier, il vint à la rencontre. Ce fut comme un soulèvement universel de la contrée ; les hommes seuls partirent, mais les arbres et les pierres, toute la terre de Savoie, eût voulu se mettre en chemin.

« Soixante mille savoyards à la fois, d'accord avec l'armée française, chantèrent la Marseillaise dans une inexprimable dévotion.

« Même facilité sur le Rhin. Le général Custine avait ordre d'agir sur la Moselle. Mais les Allemands eux-mêmes vinrent le chercher et le menèrent au Rhin. Maître de Spire, dont il força les portes, il fut appelé à Worms ; un professeur de cette ville y mit l'armée française, et il écrivit au nom de Custine, au nom de la France, l'appel de l'Allemagne à la liberté. Ces ardents patriotes Allemands, qui menaient Custine, lui promettaient Mayence. Il hésitait, et un moment, craignant d'être coupé, recula vers Landau. Ils ne lâchèrent pas prise ; ils vinrent le rechercher, lui firent faire malgré lui cette conquête qui le couvrait de gloire. On fut bien étonné d'apprendre qu'une telle place se fût rendue, avec toute une armée pour garnison, une artillerie immense, ramassée de toute l'Allemagne. Mais l'Allemagne se livrait. Des hommes de Nassau, de Deux-Ponts, de Nassau-Saarbruck étaient à la barre de la Convention et demandaient leur union à la France. »

C'est pourquoi, le 19 novembre 1792, la Convention rend le décret suivant :

« La Convention nationale déclare qu'elle accordera secours et fraternité à tous les peuples qui voudront recouvrer leur liberté, et elle charge le pouvoir exécutif de donner des ordres aux généraux des armées françaises, pour secourir les citoyens qui auraient été ou qui seraient vexés pour la cause de la liberté. »

La guerre juste et sainte, soutenue par la Convention, nous valut l'amour des peuples et les limites de la vieille Gaule. Les iniques guerres de conquête, entreprises par Napoléon Ier, nous valurent la haine de l'Europe, deux invasions et la perte de nos frontières.

II

LES SOLDATS DE L'AN II

O soldats de l'an deux ! O guerres ! épopées !
Contre les rois tirant ensemble leurs épées,
    Prussiens, Autrichiens,
Contre toutes les Tyrs et toutes les Sodomes,
Contre le czar du Nord, contre ce chasseur d'hommes
    Suivi de tous ses chiens,

Contre toute l'Europe avec ses capitaines,
Avec ses fantassins couvrant au loin les plaines,
    Avec ses cavaliers,
Tout entière debout comme une hydre vivante,
Ils chantaient, ils allaient, l'âme sans épouvante
    Et les pieds sans souliers !

Au levant, au couchant, partout, au sud, au pôle,
Avec de vieux fusils sonnant sur leur épaule,
    Passant torrents et monts,

Sans repos, sans sommeil, coudes percés, sans vivres,
Ils allaient, fiers, joyeux, et soufflant dans des cuivres
          Ainsi que des démons!

La liberté sublime emplissait leurs pensées.
Flottes prises d'assaut, frontières effacées
          Sous leur pas souverain,
O France, tous les jours c'était quelque prodige,
Chocs, rencontres, combats; et Joubert sur l'Adige
          Et Marceau sur le Rhin!

On battait l'avant-garde, on culbutait le centre;
Dans la pluie et la neige et de l'eau jusqu'au ventre,
          On allait en avant!
Et l'un offrait la paix, et l'autre ouvrait ses portes,
Et les trônes, roulant comme des feuilles mortes,
          Se dispersaient au vent!

Oh! que vous étiez grands au milieu des mêlées,
Soldats! L'œil plein d'éclairs, faces échevelées,
          Dans le noir tourbillon,
Ils rayonnaient, debout, ardents, dressant la tête;
Et comme les lions aspirent la tempête
          Quand souffle l'aquilon,

Eux, dans l'emportement de leurs luttes épiques,
Ivres, ils savouraient tous les bruits héroïques,
          Le fer heurtant le fer,
La Marseillaise ailée et volant dans les balles,

Les tambours, les obus, les bombes, les cymbales,
    Et ton rire, ô Kléber[1]!

La Révolution leur criait : — Volontaires,
Mourez pour délivrer tous les peuples vos frères! —
    Contents ils disaient oui,
— Allez, mes vieux soldats, mes généraux imberbes! —
Et l'on voyait marcher ces va-nu-pieds superbes
    Sur le monde ébloui!

La tristesse et la peur leur étaient inconnues;
Ils eussent, sans nul doute, escaladé les nues,
    Si ces audacieux,
En retournant les yeux dans leur course olympique
Avaient vu derrière eux la grande République
    Montrant du doigt les cieux!

V. HUGO (Les Châtiments.)

1. Sur Kléber, lire le petit livre chaleureux et patriotique publié par mon ami Auguste Echard (Paris, Charavay frères).

III

LES ARMÉES RÉVOLUTIONNAIRES

Michelet, avec son incomparable force de style et sa merveilleuse imagination, a tracé un magnifique tableau de nos armées révolutionnaires, de ces jeunes soldats qui luttaient pour la défense de nos institutions et de nos libertés. Je ne saurais mieux faire que de citer ces pages brûlantes et patriotiques.

« Chaque jour, 1800 volontaires partaient de Paris, et cela jusqu'à 20 000. Il y en aurait eu bien d'autres, si on ne les eût retenus. L'Assemblée fut obligée d'attacher à leurs ateliers les typographes qui imprimaient ses séances. Il lui fallut décréter que telles classes d'ouvriers, les serruriers, par exemple, utiles pour faire des armes, ne devaient pas partir eux-mêmes. Il ne serait plus resté personne pour en forger.

« Le sacrifice fut, dans ces jours, véritablement universel, immense et sans bornes. Plusieurs centaines de mille donnèrent leurs corps et leur vie; d'autres leur fortune, tous leurs cœurs, d'un même élan.

« Dans les colonnes interminables de ces dons infinis du peuple, relevons telle ligne au hasard.

« De pauvres femmes de la Halle apportent 4000 francs, le produit apparemment de quelques grossiers joyaux, leur anneau de mariage ?

« Plusieurs femmes des départements, spécialement du Jura, avaient dit que, tous les hommes partant, elles pourraient monter la garde. C'est aussi ce qu'offrit, dans l'Assemblée Nationale, une mercière de la rue Saint-Martin, qui vint avec son enfant. La mère donne sa croix d'or, un cœur en or, et son dé d'argent. L'enfant, une petite fille, donne ce qu'elle a, une petite timbale d'argent et une pièce de quinze sols. Ce dé, l'instrument de travail pour la pauvre veuve, la petite pièce qui fait toute la fortune de l'enfant ! »

Le désintéressement des soldats n'étaient pas moins admirable ; mal nourris, mal vêtus, ils allaient ardents et stoïques, soutenus par l'amour du pays :

« Ces armées qui étaient des peuples, disons mieux, la patrie même, en ce qu'elle eut de plus ardent, demandaient d'aller ensemble, et de combattre par masses, les amis avec les amis, comme disait le soldat. Amis et amis, parents et parents, voisins et voisins, Français et Français, partis en se donnant la main, la difficulté n'était pas de les retenir ensemble, mais bien de les séparer. Les isoler, c'était leur ôter la meilleure partie de leurs forces. Ces grandes légions populaires étaient comme des corps vivants ; ne pas les faire agir par masses, c'eût été les démembrer. Et ces masses n'étaient pas des foules confuses ; plus on les laissait nombreuses, plus elles allaient en bon ordre. *Plus on est d'amis, mieux ça marche*, c'est encore un mot populaire. L'audace vint aux généraux dès qu'ils eurent remarqué ceci. Ils virent qu'avec ces populations, où tous s'électrisent par tous et en proportion du nombre, il fallait agir par grands corps. Le monde eut ce nouveau spectacle de voir des hommes, par 100000, qui marchaient d'un même souffle, d'un même élan, d'un même cœur.

LES ARMÉES DE LA RÉVOLUTION
d'après un croquis de Duplessis-Bertaux.

« Des armées? Non, des personnes. Chacune d'elles eut une personnalité distincte et originale. Tel fut le touchant esprit de dévouement, de sacrifice, qui anima ces hommes au départ. Ils se perdirent et s'absorbèrent dans ces glorieuses légions dont chacune fut pour eux une France sur la terre étrangère. Ces admirables soldats, partis pour tant d'années de guerre, et, qui la plupart, ne devaient pas revenir, avaient emporté la patrie et le foyer dans les grandes sociétés héroïques, qu'on appelait des armées. Où qu'ils fussent, c'était la France. Et c'est la France encore aujourd'hui et à jamais, partout où ses amis fidèles ont ensemble laissé leurs os.

« Regardons-les attentivement, ces glorieuses armées, dans leur primitif élan de 92, dans la naïveté du berceau.

« A les considérer froidement et se préservant de l'enthousiasme, elles présentaient un spectacle étrange, extraordinaire : celui d'un grand peuple, qui, sans ménagement ni réserve, sans souci de la vie ou de l'intérêt, sans la moindre attention au passé, à l'histoire, à la vieille diplomatie, aux traités, au droit écrit, portait au monde la philosophie du XVIII° siècle au bout de ses baïonnettes. Ces principes, avec lesquels les philosophes semblèrent trop souvent jouer eux-mêmes, étaient pris au sérieux par leurs disciples armés, appliqués avec une sincérité violente, que rien n'arrêtait. Les transports philanthropiques de Raynal et de Diderot étaient là, non en papier, en déclamations, mais en actes, réalisés bien ou mal dans les effusions aveugles d'une sensibilité terrible qui ne mesurait, ne calculait rien.

« Toute cette philosophie leur flottait, comme on peut penser, un peu vague dans l'esprit. Et leur cœur n'en était que plus violemment possédé. C'était un caractère singulier, embarrassant de la Révolution si jeune, de n'avoir encore aucun symbole précis, point d'élément traditionnel, point de monument littéraire, où la pensée pût se prendre. Une seule chose représentait pour eux le *credo* révolutionnaire, une chanson, la Marseillaise. Ils la savaient, la chantaient, la répétaient, jusqu'à extinction de voix et de forces. C'était tout leur évangile. Ils l'appliquaient à la lettre, souvent en bien, parfois en mal. Le sang coula pour tel couplet, tel autre fit faire des actes d'une générosité inouïe.

« Quand ils virent passer par charrettes les Prussiens malades, pâles de faim et de fièvre, brisés par la dyssenterie, ils s'arrêtèrent court, les laissèrent passer. Ceux qu'ils prirent, ce fut pour les soigner dans les hôpitaux français. A Strasbourg, soldats et bourgeois traitèrent les prisonniers comme des frères; on partagea avec eux le pain, la viande, la soupe; on leur emplit les poches de journaux patriotiques, et quand ils partirent pour l'intérieur de la France, on leur acheta du tabac par une contribution générale. La dépense n'était pas petite. Ils étaient 3000. Glorieuse prodigalité et dans un moment si pauvre, lorsque les nôtres n'avaient pas seulement de chaussures aux pieds. Les résultats furent admirables. Les prisonniers voulurent avoir du papier, de l'encre, et écrivirent en Allemagne que le Rhin n'existait plus, qu'il n'y avait ni France, ni Allemagne, mais que tous étaient des frères et qu'il ne fallait plus qu'une seule nation au monde. »

Le langage des Allemands a bien changé depuis !

IV

LA MARSEILLAISE ET
LE CHANT DU DÉPART

L'hymne national de la France date du 4 mars 1792; l'auteur l'appela le *Chant de l'armée du Rhin.*

« Il ne lui fallut pas deux mois, dit Michelet, pour pénétrer toute la France. Il alla frapper au fond du midi, comme par un violent écho, et Marseille répondit au Rhin. Sublime destinée de ce chant! Il est chanté des Marseillais à l'assaut des Tuileries, il brise le trône le 10 août. On l'appelle la *Marseillaise.* Il est chanté à Valmy, affermit nos lignes flottantes, effraye l'aigle noir de Prusse. Et c'est encore avec ce chant que nos jeunes soldats novices gravirent le côteau de Jemmapes, franchirent les redoutes autrichiennes, frappèrent les vieilles bandes hongroises, endurcies aux guerres des Turcs. Le fer ni le feu n'y pouvaient. Il fallut pour briser leur courage, le chant de la liberté.

« Un jeune noble franc-comtois, né à Lons-le-Saulnier, Rouget de l'Isle [1], trouva le chant de la France. Rouget de l'Isle était officier

---

1. Joseph Rouget de l'Isle, né en 1760, mort en 1836, combattit sous Hoche en Vendée et fut blessé à Quiberon.

du génie à vingt ans. Il était alors à Strasbourg, plongé dans l'at-
mosphère brûlante des bataillons de volontaires qui s'y rendaient
de tous côtés. Il faut voir cette ville, en ces moments, son bouillon-
nant foyer de guerre, de jeunesse, de joie, de plaisir, de ban-
quets, de bals, de revues, auprès de la flèche sublime qui se mire
au noble Rhin, les instruments militaires, les chants d'amour ou
d'adieux; les amis qui se retrouvent, se quittent, s'embrassent aux
places publiques.

« Ce ne fut pas, comme on l'a dit, dans un repas de famille, que
fut trouvé le chant sacré. Ce fut dans une foule émue. Les volontaires partaient le lendemain. Le maire de Strasbourg, Dietrich, les
invita à un banquet, où les officiers de la garnison vinrent frater-
niser avec eux et leur serrer la main. Les demoiselles Dietrich,
nombre de jeunes demoiselles, nobles et douces filles d'Alsace,
ornaient ce repas d'adieu de leurs grâces et de leurs larmes. Tout
le monde était ému; on voyait devant soi commencer la longue
carrière de la guerre de la liberté, qui, trente ans durant, a noyé de
sang l'Europe. Ceux qui siégeaient au repas n'en voyait pas tant sans
doute. Ils ignoraient que, dans peu, ils auraient tous disparu,
l'aimable Dietrich entre autres qui les recevait si bien, et que
toutes ces filles charmantes dans un an seraient en deuil. Plus
d'un, dans la joie du banquet, rêvait, sous l'impression de vagues
pressentiments, comme quand on est assis, au moment de s'embar-
quer, au bord de la grande mer. Mais les cœurs étaient bien haut,
pleins d'élan et de sacrifice, et tous acceptaient l'orage. Cet élan
commun qui soulevait toute poitrine d'un égal mouvement aurait
eu besoin d'un rhythme, d'un chant qui soulageât les cœurs. Le
chant de la Révolution, colérique en 92, le *Ça ira*, n'allait plus à

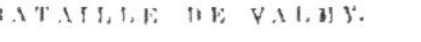

BATAILLE DE VALMY.

la douce et fraternelle émotion qui animait les convives. L'un d'eux la traduisit : « *Allons !* »

« Et ce mot dit, tout fut trouvé. Rouget de l'Isle, c'était lui, se

ROUGET DE L'ISLE

d'après le médaillon de David d'Angers.

précipita de la salle, et écrivit tout, musique et paroles. Il rentra en chantant la strophe : « *Allons, enfants de la patrie !* » Ce fut comme un éclair du ciel. Tout le monde fut saisi, ravi, tous reconnurent ce chant, entendu pour la première fois. Tous le savaient, tous le chantèrent, tout Strasbourg, toute la France. Le monde, tant qu'il y aura un monde, le chantera à jamais.

« Si ce n'était qu'un chant de guerre, il n'aurait pas été adopté des nations. C'est un chant de fraternité; ce sont des bataillons de frères qui, pour la sainte défense du foyer, de la patrie, vont ensemble d'un même cœur. C'est un chant, qui, dans la guerre, conserve un esprit de

paix. Qui ne connait la strophe sainte : « *Épargnez ces tristes
. victimes !* »

En 1792, Lays chantait la Marseillaise à l'Opéra et une liste
d'enrôlement restait en permanence au foyer. Lays produisait un
effet prodigieux avec la Marseillaise, si bien qu'un député lui dit un
jour :

« Citoyen, avec votre Marseillaise, vous avez donné cent mille
soldats à la République. »

Le Chant du départ, qui fit le tour du monde, comme la Marseillaise, fut composé en 1794 pour le cinquième anniversaire de la
prise de la Bastille. Sans avoir l'incomparable souffle lyrique
de la Marseillaise, le Chant du départ respire une grandeur et une
énergie guerrières qui lui assurent l'immortalité. Je cite le premier
couplet :

UN REPRÉSENTANT DU PEUPLE.

La victoire, en chantant, nous ouvre la barrière,
La Liberté guide nos pas;
Et du Nord au Midi la trompette guerrière
A sonné l'heure des combats.
Tremblez, ennemis de la France,
Rois ivres de sang et d'orgueil,
Le peuple souverain s'avance,
Tyrans, descendez au cercueil!

LE CHŒUR.

La République nous appelle,
Sachons vaincre, ou sachons périr;

> Un Français doit vivre pour elle,
> Pour elle un Français doit mourir.

M.-J. Chénier composa les paroles du Chant du départ, et Méhul la musique.

Marie-Joseph de Chénier, né à Constantinople en 1764, officier de dragons, poëte comique et tragique, donna au théâtre *Charles IX* (1789), *Caïus Gracchus* (1792), *Tibère*. Député à la Convention, il ne put sauver son frère André Chénier qui mourut sur l'échafaud deux jours avant le 9 thermidor. Républicain convaincu, M.-J. Chénier fit une vive opposition au régime impérial, et mourut à Paris le 10 janvier 1811.

Étienne-Henri Méhul, né à Givet en 1763, vint à Paris en 1779, reçut les leçons de Glück, entra à l'Institut en 1796, inspecta l'enseignement du Conservatoire à partir de 1795, et donna un grand nombre d'opéras. Il écrivit la musique du Chant du départ sur un coin de cheminée au milieu du bruit et des conversations. Il mourut à Paris en 1817.

Le Chant du départ et la Marseillaise sont nos seuls chants nationaux. Ils datent tous deux de la période révolutionnaire.

La Marseillaise, proscrite par le premier empire et par le second, est redevenue l'hymne sacrée de la troisième République. La Marseillaise est née au bord du Rhin. Espérons qu'elle rentrera un jour avec nos soldats sur la terre d'Alsace, à Strasbourg, d'où elle est partie.

V

TRAITÉ DE BALE

· Lorsque la Convention prit le gouvernement de la France, le pays était inondé de troupes étrangères; lorsqu'elle quitta le pouvoir, la France était victorieuse de toutes parts.

Nos armées avaient remporté les victoires de Jemmapes, de Hondschoote, de Wattignies, de Geisberg, de Mouscron, de Tourcoing, d'Hooglède, de Fleurus.

Amsterdam reçut, le 20 janvier 1795, les soldats de Pichegru non en ennemis, mais en libérateurs. Les états généraux des Provinces-Unies proclamèrent la République Batave et signèrent la paix avec nos commissaires, Reubell[1] et Sieyès[2], membres du Comité de salut

---

1. J. B. Reubell, né à Colmar en 1746, député aux états généraux et à la Convention, se couvrit de gloire à la défense de Mayence, fut le premier président du Directoire, se retira de la politique après le 18 brumaire et mourut dans le Haut-Rhin en 1810.

2. Emmanuel Sieyès, né à Fréjus en 1748, entra dans l'Église et fut député aux états généraux. Il publia la fameuse brochure qui portait pour titre : *Qu'est-ce que le Tiers-État? Tout! Qu'a-t-il été jusqu'à présent dans l'ordre politique? Rien. Que demande-t-il? A devenir quelque chose.* Député de la Sarthe à la Convention, il se tint à l'écart, collabora au 18 brumaire, puis fit de l'opposition à l'empire, adhéra en 1814 aux mesures prises contre Napoléon, fut exilé par Louis XVIII comme régicide, et mourut en 1836.

public (27 floréal an III — 16 mai 1795). La Hollande nous aban-
donne une partie de la Flandre, les villes de Maëstricht et de Venloo,
les rives de la Meuse, et conclut avec la France une alliance offensive et défensive perpétuelle.

La Prusse signe également la paix (16 germinal — 5 avril 1795).

Nos troupes évacuent les territoires prussiens de la rive droite du
Rhin; mais la France reste en possession des pays de la rive gauche.
La paix fut conclue à Bâle.

Le 25 juillet, dans la même ville, notre plénipotentiaire Barthélemy, rendit au roi d'Espagne la Catalogne et la Navarre; en retour

Charles IV nous abandonnait la partie espagnole de Saint-Domingue.

Ainsi, le 26 octobre 1795, lorsque la Convention se sépare, la France est en paix avec la Hollande, le Danemark, la Suède, la Prusse, la Suisse, la Toscane, le Portugal et l'Espagne. Après avoir eu contre elle toute l'Europe, elle ne compte plus pour ennemies que trois puissances : l'Angleterre, l'Autriche, le Piémont. La France a pour frontières l'Escaut, le Rhin, les Alpes avec la Savoie et Nice, les Pyrénées. Hoche a écrasé les émigrés à Quiberon et pacifié la Vendée. La France tient la première place au monde.

« A cette époque, dit Thiers, on vit arriver tout à la fois les ambassadeurs de Suède, de Danemark, de Hollande, de Prusse, de Toscane, de Venise et d'Amérique. A leur arrivée à Paris, ils allaient visiter le président de la Convention, qu'ils trouvaient logé quelquefois à un troisième ou quatrième étage, et dont l'accueil simple et poli avait remplacé les anciennes réceptions de cour. Ils étaient ensuite introduits dans cette salle fameuse, où siégeait, sur de simples banquettes, et dans le costume le plus modeste, cette assemblée qui, par sa puissance et la grandeur de ses passions, ne paraissait plus ridicule, mais terrible. Ils avaient un fauteuil vis à vis de celui du président; ils parlaient assis; le président leur répondait de même, en les appelant par les titres contenus dans leurs pouvoirs. Il leur donnait ensuite l'accolade fraternelle, et les proclamait représentants de la puissance qui les envoyait. Ils pouvaient, dans une tribune réservée, assister à ces discussions orageuses, qui inspiraient autant de curiosité que d'effroi aux étrangers. Tel était le cérémonial employé à l'égard des ambassadeurs des puissances. La simplicité convenait à une république recevant sans faste, mais avec décence

et avec égards, les envoyés des rois vaincus par elle. Le nom de
Français était beau alors, il était ennobli par les plus belles victoires,
et les plus pures de toutes, celles qu'un peuple remporte pour défendre
son existence et sa liberté. »

VI

O Corse à cheveux plats, que la France était belle
    Au grand soleil de messidor!
C'était une cavale indomptable, rebelle,
    Sans frein d'acier, ni rênes d'or;
Une jument sauvage à la croupe rustique,
    Fumante encor du sang des rois,
Mais fière, et d'un pied fort heurtant le sol antique,
    Libre pour la première fois;
Jamais aucune main n'avait passé sur elle
    Pour la flétrir et l'outrager;
Jamais ses larges flancs n'avaient porté la selle
    Ni le harnais de l'étranger;
Tout son poil était vierge, et belle vagabonde
    L'œil haut, la croupe en mouvement,
Sur ses jarrets dressée, elle effrayait le monde
    Du bruit de son hennissement.
Tu parus et sitôt que tu vis son allure,
    Ses reins si souples et dispos,
Centaure impétueux, tu pris sa chevelure,
    Tu montas botté sur son dos.
Alors, comme elle aimait les rumeurs de la guerre,
    La poudre, les tambours battants,

20

Pour champ de course alors tu lui donnas la terre
        Et des combats pour passe-temps :
Alors plus de repos, plus de nuits, plus de sommes,
        Toujours l'air, toujours le travail,
Toujours comme du sable écraser des corps d'hommes,
        Toujours du sang jusqu'au poitrail.

Quinze ans son dur sabot, dans sa course rapide,
        Broya les générations;
Quinze ans elle passa, fumante, à toute bride
        Sur le ventre des nations;
Enfin, lasse d'aller sans finir sa carrière,
        D'aller sans user son chemin,
De pétrir l'univers, et comme une poussière
        De soulever le genre humain;
Les jarrets épuisés, haletante et sans force,
        Près de fléchir à chaque pas,
Elle demanda grâce à son cavalier corse;
        Mais, bourreau, tu n'écoutas pas!
Tu la pressas plus fort de ta cuisse nerveuse:
        Pour étouffer ses cris ardents,
Tu retournas le mors dans sa bouche baveuse;
        De fureur tu brisas ses dents;
Elle se releva; mais au jour de bataille
        Ne pouvant plus mordre ses freins,
Mourante, elle tomba sur un lit de mitraille
        Et du coup te cassa les reins!

A. BARBIER (Iambes).

CONCLUSION

Le 4 brumaire an IV (26 octobre 1795), la Convention abolit la
peine de mort. Il est deux heures et demie. Le président Génissieux
prononce alors ces mots que saluent les cris de : « Vive la République ! »

« La Convention nationale déclare que sa mission est remplie et
que sa session est terminée. »

La mission était remplie et merveilleusement remplie.

La Constituante et la Législative avaient sapé l'ancien régime, la
Convention fonda le nouveau. Lorsqu'elle prit le pouvoir, elle trouva,
dit Thiers, « un roi détrôné, une constitution annulée, la guerre
déclarée à l'Europe et pour toute ressource une administration entièrement détruite, un papier monnaie discrédité, de vieux cadres de
régiments usés et vides. » Impassible et fière dans cette effroyable
crise unique dans l'histoire, la Convention se met à l'œuvre et
débrouille le chaos.

En politique, elle cherche, non ce qui peut convenir aux circonstances présentes, à la France actuelle, mais ce qui doit convenir à

tous les temps comme à tous les peuples ; elle veut moins l’utile que le meilleur, que la justice pure, que le droit absolu. Elle dit « voilà ce qui est juste » et le décrète sans se soucier des résistances, des froissements. C’est là son caractère original ; il n’appartient qu’à elle, à elle seule. La Convention a poursuivi l’idéal ; elle a bâti pour l’humanité.

Dans l’ordre civil, la Convention organise et simplifie. Avant elle, la France était une machine compliquée et disloquée, dont les rouages ou ne marchent pas, ou vont au hasard, ou se contrarient. Dans cette incohérence, la Convention introduit l’*unité :* unité gouvernementale et parlementaire, unité territoriale, unité administrative, unité dans la législation, les finances, l’instruction publique, les poids et mesures. Cette unité française que rêvèrent tant de rois, que poursuivirent Richelieu et Louis XIV au profit du despotisme, la Convention la fonde au profit de la liberté.

Ses services militaires ne sont pas moins admirables : « Son souvenir, dit Thiers, est demeuré terrible ; mais pour elle il n’y a qu’un fait à alléguer, un seul, et tous les reproches tombent devant ce fait immense : elle nous a sauvés de l’invasion étrangère. Si, en 1793, l’émigration fut rentrée en France, il ne restait pas trace des œuvres de la Constituante et des bienfaits de la révolution. En repoussant l’invasion des rois conjurés contre notre république, la Convention a assuré à la Révolution une action non interrompue de trente années sur le sol de la France et a donné à ses œuvres le temps de se consolider et d’acquérir cette force qui leur fait braver l’impuissante colère des ennemis de l’humanité. Aux hommes qui s’appellent avec orgueil patriotes de 1789, la Convention pourra toujours dire : « Vous aviez provoqué la lutte, c’est moi qui l’ai soutenue et terminée. »

Victor Hugo a dit de la Convention : « Jamais rien de plus haut n'est apparu sur l'horizon des hommes. La Convention est peut-être le point culminant de l'histoire. »

Si l'on se demande comment ces hommes ont pu accomplir en si peu de temps cette œuvre colossale, et faire plus marcher la civilisation en trois ans qu'elle n'avait avancé en trois siècles, le secret du miracle est dans ces mots, qui furent leur devise : « Travail et patriotisme. »

APPENDICE

LISTE DES MEMBRES DE

LA CONVENTION NATIONALE

EN JANVIER 1793

AIN

Deydier — Gauthier — Jagot — Merlino — Mollet — Royer.

AISNE

Belin — Bouchereau — Beffroy — Fiquet — Loysel — Quinette — Saint-Just — Jean Debry — Lecarlier — Petit — Dupin jeune — Condorcet.

ALLIER

Martel — Petitjean — Forestier — Beauchamp — Vidalin — Giraud — Chevalier.

HAUTES-ALPES

Barcty — Borel — Caseneuve — Isoard — Serres.

BASSES-ALPES

Derbez-Latour — Maisse — Peyre — Savornin — Verdolin — C.-L. Réguis.

ARDÈCHE

Boissy d'Anglas — Saint-Prix — Gamon — Gleizal — Saint-Martin — Garilhe — Coren-Fustier.

ARDENNES

Blondel — Menesson — Baudin — Thierriet — Vermont — Ferry — Dubois-Crancé — Robert.

ARIÈGE

Vadier — Clauzel — Campmartin — Lakanal — Gaston — Espert.

AUBE

Perrin — Duval — Bonnemain — Pierret — Douge — Robin — Courtois — J.-P. Rabaut-Saint-Étienne — Garnier (de l'Aube).

AUDE

Azéma — Bonnet — Girard — Morin — Ramel — Marragon — Tournier — Périès.

AVEYRON

Bo — Saint-Martin-Valognes — Lobinhès — Camboulas — Second — Joseph Lacombe — Louchet — Bernard Saint-Affrique — Godefroy Yzarn, dit Valady.

BOUCHES-DU-RHONE

Duprat — Deperet — Barbaroux — Rebecqui — Granet — Baille — Durand-Maillane — Gasparin — Moyse Bayle — Rovère — Pélissier — Laurent.

CALVADOS

Fauchet — Dubois-Dubais — Henry Larivière — Lomont — Bonnet — Vardon — Doulcet-Pontécoulant — Taveau — Jouenne — Dumont — Cussi — Legot — Philippe Delleville.

CANTAL

Thibault — Milhaud — Méjansac — J.-B. Lacoste — J. Mailhe — Carrier — Chabanon — Peuvergue.

CHARENTE

Bellegarde — Guimberteau — Chazaud — Devars — Ribereau — Brun — Chedaneau — Maulde — Crevelier.

CHARENTE-INFÉRIEURE

Bernard — Eschassériaux — Niou — Bréard — Ruamps — Dechezeaux — Vinet — Giraud — Lozeau — Dautriche — Garnier (de Saintes).

CHER

Alassœur — Foucher — Baucheton — Fauvre Labrunerie — Dugenne — Pelletier.

CORRÈZE

Brival — Borie — Chambon — Lidon — Lanot — Pénière — Lafond.

CORSE

Andrei — Chiappe — Casabianca — Saliceti — Bozio — Moltedo.

COTE-D'OR

Marey — Rameau — Bazire — Prieur — Guyton-Morveau — Oudot — Trullard — Lambert — Florent Guiot — Berlier.

COTES-DU-NORD

Couppé — Champeaux — Gauthier — Guyomar — Fleury — Girault — Goudelin — Loncle.

CREUSE

Coutisson-Dumas — Barailon — Huguet — Guyès — Jaurand — Texier — Debourges.

DORDOGNE

Meynard — Lamarque — Pinet — Lacoste — Roux-Fazillac — Taillefer — Peyssard — Allafort — Bouquier — Cambert.

DOUBS

Besson — Michaud — Monnot — Quirot — Séguin — Vernerey.

DROME

Gérente — Marbos — Colaud de la Salcéte — Fayolle — Martinel — Jullien — Sauteyra — Boisset — Jacomin.

EURE

Buzot — Richou — Lemaréchal — Vallée — Savary — Dubusc — Duroy — Th. Lindet — Bouillerot — Robert Lindet — Topsent.

EURE-ET-LOIR

Brissot — Petion — Giroust — Lesage — J.-Fr. de Lacroix — Loiseau — Châles — Frémanger — Bourgeois.

FINISTÈRE

Bohan — Queinec — Kervelegan — Gomaire — Blad — Guezno — Marec — Guermeur.

GARD

Aubry — Balla — Rabaut-Pommier — Chazal — Leyris — Voulland — Berthezène — Jac.

HAUTE-GARONNE

Mailhe — Perès — Estadens — Rouzet — Drulhe — Mazade — Delmas — Projean — Julien — Calès — Ayral — Desacy.

GERS

Cappin — Moysset — Maribon-Montaut — Descamps — Laguire — Barbeau-Dubarran — Ichon — Bousquet — Laplaigne.

GIRONDE

Guadet — Bergœing — Vergniaud — Gensonné — Jay de Sainte-Croix — J.-Fr. Ducos — Boyer-Fonfrède — Duplantier — Deleyre — Lacase — Grangeneuve — Garreau.

HÉRAULT

Curée — Viennet — Cambacérès — Brunel — Castilhon — Bonnier — Fabre — Rouyer — Cambon.

ILLE-ET-VILAINE

Lanjuinais — Defermon — Obelin — Maurel — Sevestre — Duval — Lebreton — Beaugeard — Dubignon — Chaumont — Tardivaux.

INDRE

Porcher — Boudin — Derazey — Thabaud — Pepin — Lejeune.

INDRE-ET-LOIRE

Gardien — Bodin — Nioche — Pottier — Ruelle — Champigny — J. Dupont — Ysabeau.

ISÈRE

Servonat — Génissieux — Baudran — Genevois — Amar — Réal — Boissieu — Charrel — Prunelle de Lierre.

JURA

Vernier — Laurençot — Babey — Ferroux de Salins — Bonguyode — Grenot — Prost — Amyon.

LANDES

Lefranc — Cadroy — Saurine — Dartigoeyte — Dyzès — Roger Ducos.

LOIR-ET-CHER

Leclerc — Chabot — Brisson — Frécine — Venaille — Foussedoire — H. Grégoire.

HAUTE-LOIRE

Bonnet — Reynaud — Faure — Delcher — Flageas — Barthélemy — Camus.

LOIRE-INFÉRIEURE

Lefebvre — Chaillou — Mellinet — Jarry — Coustard — Villers — Fouché — Méaulle.

LOIRET

Garran-Coulon — Lepage — Pellé — Lombart-Lachaux — Guérin — J.-B. Louvet — Delagueule — Léonard Bourdon — Gentil.

LOT

Laboissière — Sallèles — Bouygues — Delbrel — Albouys — Cledel — Cayla — Montmayou — Cavaignac — Jeanbon Saint-André.

LOT-ET-GARONNE

Laurent — Paganel — Claverie — Laroche — Fournel — Noguer — Guyet-Laprade — Boussion — Vidalot.

LOZÈRE

Barrot — Châteauneuf-Randon — Monestier — Servière — Pelet.

MAINE-ET-LOIRE

Pilastre — Dandenac aîné — Delaunay aîné — Lemaignan — Choudieu — Delaunay jeune — Deshoullières — Leclerc — La Revellière-Lépeaux — Pérard — Dandenac jeune.

MANCHE

Poisson — Gervais-Sauvé — Ribet — Pinel — Havin — Bonnescœur — Engerran — Bretel — Laurence de Villedieu — Hubert — Lemoine — Letourneur — Lecarpentier.

MARNE

Poulain — Blanc — Prieur — Thuriot — Charlier — Delacroix (Charles) — Deville — Battelier — Armonville.

HAUTE-MARNE

Wandelaincourt — Guyardin — Monnel — Roux — Valdruche — Laloy — Chaudron-Rousseau.

MAYENNE

Bissy — Enjubault — Plaichard-Chottière — Serveau — Villars — Lejeune — Durocher — Esnue.

MEURTHE

Salle — Mollevaut — Lalande — Michel — Zangiacomi — Mallarmé — Levasseur — Bonneval.

MEUSE

Moreau — Marquis — Tocquot — Roussel — Bazoche — Pont — Harmand — Humbert.

MORBIHAN

Lehardy — Audrein — Michel — Rouault — Corbel — Lequinio — Gillet — Lemalliaud.

MOSELLE

Blaux — Becker — Anthoine — Thirion — Bar — Hentz — Couturier — Merlin (de Thionville).

NIÈVRE

Jourdan — Dameron — Guillerault — Legendre — Sautereau — Goyre-Laplanche — Lefiot.

NORD

Fockedey — Merlin (deDouai) — Duhem — Cochet — Lesage-Senault — Carpentier — Sallengros — Poultier — Aoust — Boyaval — Briez — Gossuin.

OISE

Ch. Villette — Delamare — Couppé — Calon — Massieu — Bezard — Isoré — Godefroy — Portiez — Mathieu — Bourdon — Anacharsis Cloots.

ORNE

Dufriche-Valazé — Thomas — Plat-Beaupré — Dugué-Dassé — Duboë — — Fourmy — Lahosdinière — Desgrouas — Jullien-Dubois — Colombel.

PARIS

Robespierre aîné — Danton — Collot d'Herbois — Manuel — Billaud-Varenne — Camille Desmoulins — Marat — Lavicomterie — Legendre — Raffron — Panis — Sergent — Robert — Dusaulx — Fréron — Beauvais — Fabre d'Églantine — Osselin — Robespierre jeune — David — Boucher Saint-Sauveur — Laignelot — Thomas — Philippe Égalité (duc d'Orléans).

PAS-DE-CALAIS

Personne — Magniez — Daunou — Varlet — Duquesnoy — Guffroy — Bollet — Lebas — Eulard — Carnot — Paine (Thomas).

PUY-DE-DOME

Henry Bancal — Girot-Pouzol — Couthon — Gibergues — Maignet — Gilbert Romme — Rudel — Blanval — Monestier — Dulaure — Laloue — Soubrany.

HAUTES-PYRÉNÉES

Dupont — Gertoux — Picqué — Bertrand Barère — Féraud — Lacrampe.

BASSES-PYRÉNÉES

Sanadon — Conte — Meillan — Casenave — Neveu — Pemartin.

PYRÉNÉES-ORIENTALES

Guiter — Birotteau — Montégut — Cassanyès — Fabre.

HAUT-RHIN

Johannot — Albert — Dubois — Ritter — Laporte — Pflieger — Reubell.

BAS-RHIN

Christiany — Laurent — Bentabole — Louis — Ruhl — Dentzel — Philibert-Simond — Ehrmann — Arbogast

RHONE-ET-LOIRE

Vitet — Béraud — Patrin — Moulin — Forest — Fournier — Chasset — Dupuis — Dubouchet — Pressavin — Michet — Cusset — Javogues — Lanthenas — Pointe.

HAUTE-SAONE

Vigneron — Balivet — Bolot — Gourdan — Siblot — Chanvier — Dornier.

SAONE-ET-LOIRE

Bertucat — Montgilbert — Gelin —

Mazuyer — J. Carra — Mailly — Guillermin — Reverchon — Guillemardet — Baudot — Moreau.

SARTHE

Salmon — Chevalier — Richard — Primaudière — Philippeaux — Froger — Boutrouc — Levasseur — Letourneur — Sieyès.

SEINE-ET-OISE

Alquier — Treilhard — Roi — Mercier — Dupuis — Lecointre — Bassal — Gorsas — Audouin — Tallien — M.-J. Chénier — Haussmann — Kersaint — Hérault de Séchelles.

SEINE-INFÉRIEURE

Hardy — Yger — Hecquet — Duval — Vincent — Lefebvre — Faure — Blutel — Mariette — Doublet — Ruault — Bourgeois — Delahaye — Albitte — Pocholle — Bailleul.

SEINE-ET-MARNE

Bailly de Juilly — Geoffroy — Viquy — Opoix — Defrance — Bernard des Sablons — Bernier — Mauduyt — Tellier — Cordier — Himbert.

DEUX-SÈVRES

Jard-Panvillier — Auguis — Lofficial — Lecointe-Puyraveau — Cochon — Dubreuil — Duchastel.

SOMME

Rivery — Gantois — Devérité — Asselin — Delecloy — Dufestel — Florent Louvet — Sillery — François — J.-B.

Martin Saint Prix — André Dumont — Saladin — Hourier.

TARN

Soloniac — Marvejouls — Gouzy — Rochegude — Lasource — Lacombe-Saint-Michel — Campmas — Meyer — Daubermesnil.

VAR

Charbonnier — Ricord — Isnard — Despinassy — Roubaud — Barras — Escudier — Antiboul.

VENDÉE

Gaudin — Girard — J.-F. Goupilleau de Fontenay — Ph. Goupilleau de Montaigu — Fayau — Maignen — Musset — Garos — Morisson.

VIENNE

Bion — Dutrou-Bornier — Creuzé-Latouche — Creuzé-Paschal — Ingrand — Martineau — Thibaudeau — Piorry.

HAUTE-VIENNE

Lacroix — Lesterpt-Beauvais — Faye — Rivaud — Bordas — Soulignac — Gay-Vernon.

VOSGES

Souhait — Poullain-Grandprey — Bresson — Couhey — Balland — Perrin — Hugo — Noël.

YONNE

Précy — Chastelain — Maure — Lepeletier de Saint-Fargeau — Turreau — Boilleau — Hérard — Finot — Bourbotte.

TABLE DES MATIÈRES

PREMIÈRE PARTIE

DEUXIÈME PARTIE

TROISIÈME PARTIE

TABLE DES ILLUSTRATIONS

BOURLOTON. — Imprimeries réunies, B.

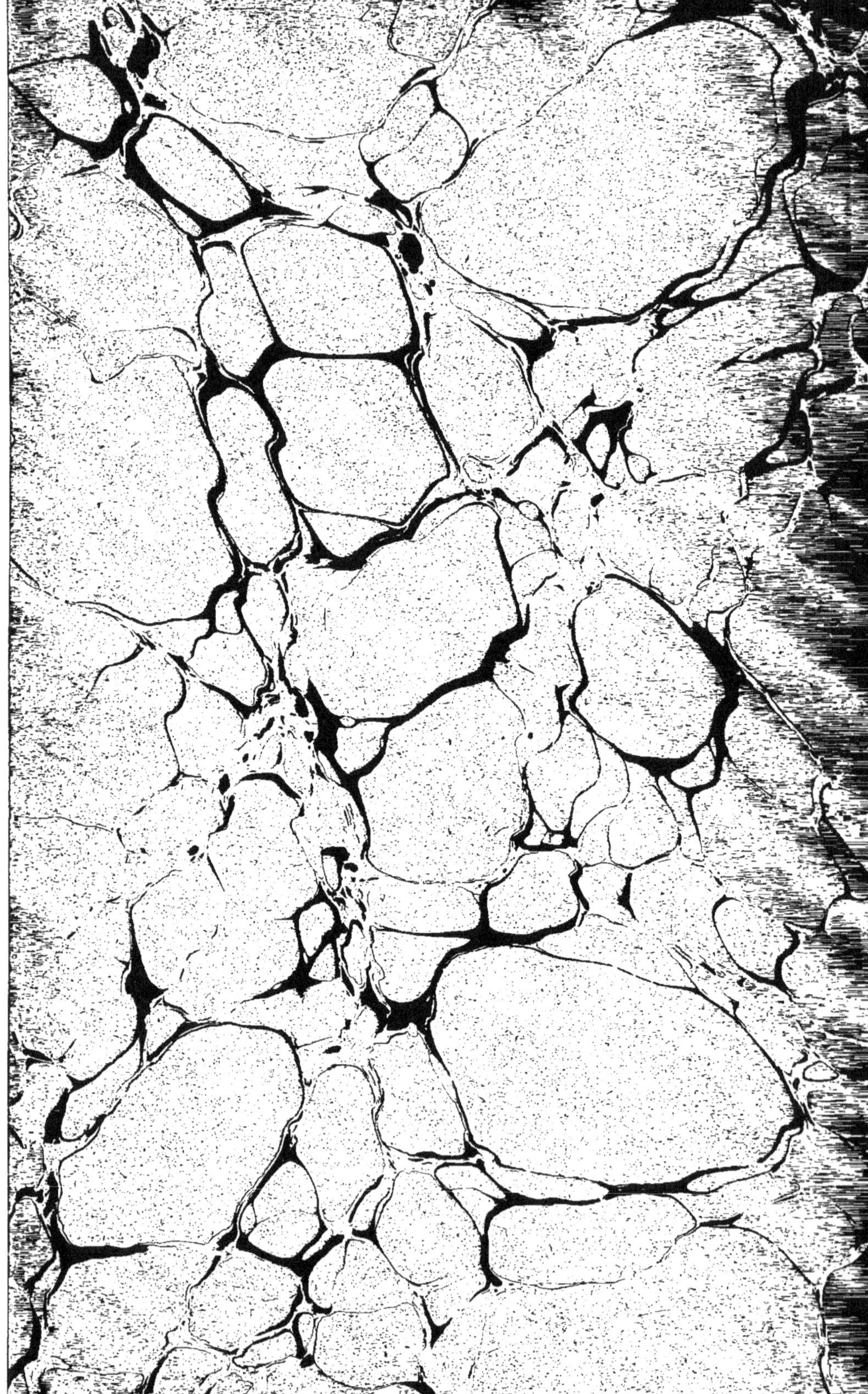

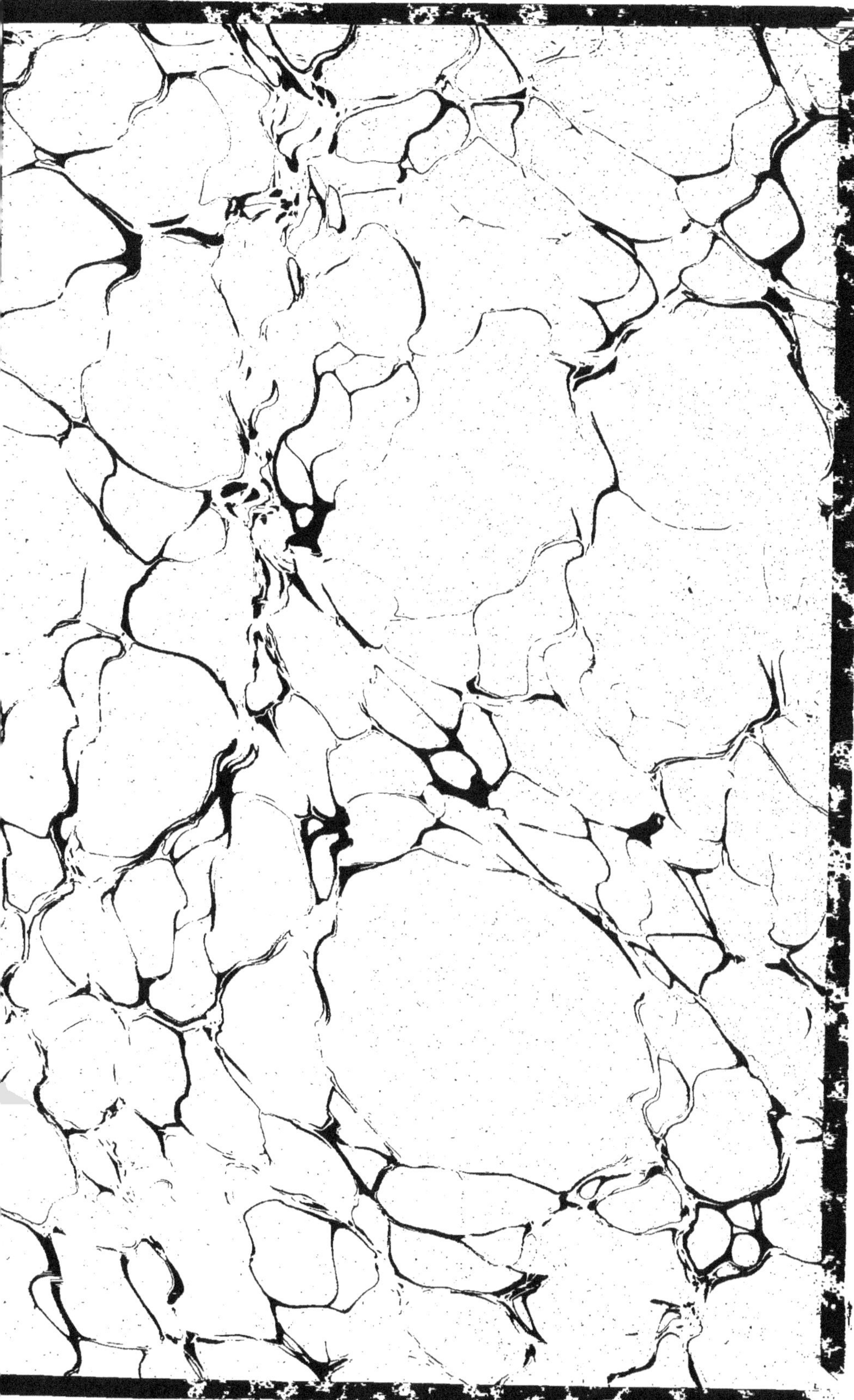